国家出版基金项目
NATIONAL PUBLICATION FOUNDATION

马克思主义经典著作基本观点研究丛书

MAKESI ZHUYI JINGDIAN ZHUZUO JIBEN GUANDIAN YANJIU CONGSHU

丛书主编：俞可平等

马克思主义经典作家关于 战争与和平问题的基本观点研究

李慎明｜主编

人民出版社

编者引言

本书由"马克思主义经典著作基本观点研究"子课题"战争与和平问题"研究报告编辑而成,包括三章:第一章,马克思主义经典作家关于战争与和平问题的基本原理;第二章,非马克思主义关于战争与和平问题的代表性观点,其中又分资产阶级关于战争与和平问题的代表性观点、第二国际机会主义者和冷战时期前社会主义国家以及法共、意共一些人关于战争与和平问题的代表性观点;第三章,在战争与和平问题上需要澄清、破除的错误认识和需要结合新的实际丰富与发展的理论判断。

马克思主义经典作家有关的著述极为丰富,本书只编入其中阐述战争与和平问题基本原理的内容,以供读者了解和掌握这些基本原理。编辑中,我们力求"科学地、完整地研究马克思主义经典著作中的基本观点",严格"忠实于经典著作的原意",没有擅自加入自己的理解或评论,避免由于不准确的解读,影响读者对马克思主义经典作家原意的理解。

没有比较就没有鉴别。现在,战争与和平问题的不同理论观点已经成为意识形态斗争的重要内容。与军事上需要知己知彼一样,理论上也要知道那些反对或不赞成马克思主义的人们的理论观点,这样才能鉴别哪些是正确的，哪些是错误，为什么正确或错误，才会对正确理论有坚定的信念。因此，本书在第二章编入了非马克思主义关于战争与和平问题的代表性观点。这不是要详细介绍在战争与和平问题上有过哪些理论观点，而是要让读者了解，现在以美国为首的西方资本主义国家统治集团是怎样看待战争与和平问题的，是如何运用战与和这两种手段对社会主义国家进行削弱、瓦解的。同时，也需要了解第二国际机会主义者和一些前社会主义国家以及法共、意共在这个问题上都提出过一些什么观点。从三方面的对比中来分清正确与错误，科学与荒谬。当然，这还需要联系历史事实才能正确解读。

第三章编入了我们对战争与和平涉及的一些问题的认识。现在在战争与和平问题上错误与似是而非的认识很多，书中不可能一一澄清，只能对几个有代表性的认识提出我们的看法。对于需要结合新的实际丰富与发展的理论判断，也只选择两个有现实意义的问题，提出我们的意见。

战争与和平作为人类社会对立的两种基本形态自古就有，一直交替地伴随着人类社会的发展，在历史上起着各自的作用。人类自进入阶级社会后，战争就不断地改变形态，在不同的历史发展时代，发生过各种不同类型的战争。但一切战争就其本质而言，不管历史条件、原因、目的、方法、手段和结果如何，都是阶级或国家以武装暴力手段施行的政治继续，都直接反映了国家的阶级本质或不同阶级的利益。

历史上战争与和平不断转化，和平总是极不巩固甚至是短暂的，不断被侵略战争或由阶级、民族对立引起的武装冲突所打破。许多世纪以来，出现过各式各样建立"永久和平"的理论和计划，最终都成为乌托邦。人们希望在各民族、各国家之间建立的没有战争和不诉诸武力的相互关系，从来没有在全人类同时实现过。在阶级社会，和平的性质同战争一样，也是由国家的阶级本质和不同阶级的利益所决定，和平并不取决于人们的愿望，和平总是包含着新的战争，和平总是由国家和阶级力量的对比决定的。只要找不到引起战争的真正根源，也就找不到实现持久和平的途径。

人类对战争与和平问题的认识源远流长，每个历史时代都产生过其特有的学说，提出过各种各样的观点。不同时代、不同阶级的人们对战争与和平有不同的看法。奴隶社会时代，古希腊的思想家德谟克利特、赫拉克利特、柏拉图等就认为战争是一种规律性的现象。赫拉克利特和柏拉图还认为战争是一种必然的不可避免的自然状态，他们从人的本性和周围环境中去寻找战争的起因，成为自然主义战争论的鼻祖。这种观点到帝国主义时代，又被科学赋予了所谓现代化的外貌，从中衍生出多种资产阶级战争观。自然主义战争论认为战争是人们生活中自然和永恒的现象，根源在于人们的本性或他们居住的地理条件中，而不是存在于阶级对抗的社会关系中。自然主义战争论成为各个时代维护剥削阶级统治利益的学说。

宗教同战争与和平有密切的联系，既有宗教战争论，也有宗教和平主义。宗教战争论产生于远古时代，它以宗教教义为依据解释战争的根源和战争的性质，认为战争的原因在于人们的罪孽和天生就有爱好侵略与造成其他社会祸害的神秘秉性，战争的胜负都由神的意志决定。在封建时代，统治阶级惯用宗教的名义发动对外侵略战争，掠夺领土，奴役其他民族，对社会造成极大的破坏。中世纪各阶级和各民族的政治斗争，往往也以宗教斗争的形式进行，由此产生了一系列宗教战争。宗教战争反映了不同社会集团的政治、经济利益的对立，本质上"是为着十分明确的物质的阶级利益而进行的"。宗教战争以虔诚、狂热的宗教信仰为思想基础，以精神因素激起信徒强烈的复仇心理，使战争异常激烈和残酷。人类进入 21 世纪后，这种宗教狂热卷土重来。在美国等各种势力若明若暗的纵容支持下，一些激进组织利用宗教进行恐怖活动和战争，趋势不断扩大，许多国家和地区被卷入，成为对世界各国和平的极大威胁。

与宗教战争论对立，宗教中还产生了反对一切战争（包括解放的和正义的战争）的宗教和平主义。宗教和平主义认为，只有宗教才能指引一条通向真正永久和平的道路，只有超自然的"神"的力量才能防止战争。但宗教却从来没有使人类和平过。

资产阶级推动了对战争与和平问题的研究，却没有对此的统一认识。19 世纪初，克劳塞维茨第一次明确和深刻地阐明战争的实质和战争与政治的关系，得出一系列直到现在还是正确的结论，比封建时代前进了一大步。他的著作对马克思、恩格斯和列宁创建无产阶级军事理论有很大影响。资产阶级的一些观点虽然也能在某种程度上正确反映战争与和平的客观实际，但由于其维护资产阶级利益的需要，不承认私有制和阶级对立是引起战争的根源，否认战争与社会制度有密切的联系，把政治说成是整个社会利益的代表，因此不可能正确揭示战争的真正根源和战争与和平的本质。相反，资产阶级还吸收了前人所提出的一切能够为资产阶级利益服务的东西，提出种族主义战争论、非理性主义战争论、地缘政治战争论、多元战争论和技术—工业决定战争论等五花八门、更荒谬的观点，有些理论成为法西斯集团发动世界大战的重要思想武器。第二次世界大战后，美国称霸世界，成为西方的领导者，战争与和平便成为美国推行其霸权，维护其在全球的政

治、经济利益，控制、削弱和肢解他国的工具。战争与和平在不同性
质的国家和不同阶级的手中，起着不同的作用。

资产阶级及其以前时代的理论家们，研究战争与和平问题都是将
其与社会制度和经济基础割裂开，因此不能揭示这种社会历史现象的
本质。马克思、恩格斯运用辩证唯物主义和历史唯物主义，有史以来
第一次对战争问题和战争与和平的本质及其历史作用作出了科学的解
释，揭示了战争与和平的基本规律，为无产阶级提供了理论武器。

马克思主义经典作家指出，私有制及在其基础上的不同阶级、阶
级集团经济利益对立引起的冲突，是战争产生的根源，私有制引起战
争并且永远引起战争；现代社会的战争是资本主义制度的产物。他们揭
示了战争与和平的实质，都是阶级斗争的不同方式。

马克思主义经典作家把和平问题与工人运动，与共产主义的胜利
紧密联系在一起，指出只有建立社会主义制度，实现全人类的解放，
消灭私有制，消灭阶级和阶级剥削，人类才能实现持久和平，从而找
到了一条科学、可行的途径。他们告诫无产阶级政党，应该掌握武装
与和平斗争的一切手段，为无产阶级的利益服务。

本书是在课题首席专家李慎明的组织下编辑的，参加的人员有许
石坪、尹斌、王立强和洪源。

编　者

2017 年 1 月 23 日

目 录
CONTENTS

第 一 章

马克思主义经典作家
关于战争与和平问题的基本原理

战争与和平自人类社会有文字记载以来就被看作是关系民族、国家盛衰兴亡的重大问题，在历史上起着各自的作用。各个时代一些著名的政治家、哲学家和军事家对战争与和平问题提出过各种各样的理论，只是在马克思主义产生后这一问题才第一次被科学、正确地解答。

马克思主义经典作家考察了人类历史上各种各样的战争与和平问题，特别是人类社会进入资本主义发展阶段后的战争与和平，批判吸收并发展了前人理论中正确与合理的内容，发现和揭示了在生产资料私有制的阶级社会中战争与和平这一社会现象的基本规律，阐述了马克思主义关于战争与和平问题的基本原理。历史进程受内在一般规律的支配，马克思主义经典作家关于战争与和平问题的基本原理被历史进程一再证明是科学的真理。只要世界上还存在着生产资料私有制和阶级，马克思主义经典作家所揭示的战争与和平的基本规律必然会以各种偶然性、特殊性及其他表现形式发生作用。

马克思主义经典作家所阐述的战争与和平的基本原理，为我们研究现实或将来可能面临的战争与和平问题提供了科学的工具，是我们"进一步研究的出发点和供这种研究使用的方法"①。我们必须掌握这些基本原理，运用这些科学方法。本章分六节阐述这些基本原理，每一节又由马克思主义经典作家的若干基本观点来阐明。

---

① 《马克思恩格斯全集》第39卷，人民出版社1974年版，第406页。

第一节　关于战争与和平的根源和实质

马克思、恩格斯研究了人类从原始社会到资本主义社会的发展历史，科学地揭示了战争的根源与和平的实质，并指出了使人类摆脱战争实现持久和平的途径。

一、原始社会早期阶段人类就有血族复仇与古代部落战争

恩格斯系统地研究了人类的原始状态，认为原始社会蒙昧时代中级阶段①，人类出现氏族制度后就存在血族复仇与古代部落战争。②

恩格斯指出，氏族在蒙昧时代中级阶段发生，在高级阶段继续发展起来，到了野蛮时代低级阶段，它便达到了全盛时代。③ 以美洲红种人为例，在这一阶段上氏族制度已经完全形成。几个氏族组成一个胞族，几个胞族就古典形式来说则组成一个部落。这种胞族都有军事单位的意义。而那些大大衰微的部落则往往没有胞族这种中间环节。④ 同氏族人必须互相援助、保护，特别是在受到外族人伤害时，要帮助报仇。个人依靠氏族来保护自己的安全，而且也能做到这一点；凡伤害个人的，便是伤害了整个氏族。因而，从氏族的血族关系中便产生了那为易洛魁人所绝对承认的血族复仇的义务，

---

①　这里是参考了美国民族学家、原始社会史学家路易斯·亨利·摩尔根（1818—1881 年）对原始社会发展的分期，他将原始社会的发展分为蒙昧和野蛮两个时代，每个时代又各自分为低级、中级和高级三个发展阶段，原始社会蒙昧时代的中级阶段是人类原始社会的早期阶段。摩尔根从事民族学研究取得杰出成就，1873 年获得联合学院法学博士学位，1875 年当选为美国国家科学学会成员，1880 年当选为美国科学促进会主席。这是美国科学界给予一个民族学家的最高荣誉。摩尔根在原始社会领域所作的研究，证实和丰富了马克思主义唯物史观，受到马克思和恩格斯的高度评价。

②　《马克思恩格斯选集》第 4 卷，人民出版社 1995 年版，第 9 页。

③　《马克思恩格斯选集》第 4 卷，人民出版社 1995 年版，第 158 页。

④　《马克思恩格斯选集》第 4 卷，人民出版社 1995 年版，第 89 页。

血族复仇仅仅当作一种极端的、很少应用的威胁手段。氏族可以接纳外人入族，并用这个办法吸收他们为整个部落的成员。这样，未杀死的俘虏，由于被一个氏族接纳入族，就成为部落的成员，从而获得了氏族和部落的一切权利。① 随着人口的增加，部落本身分裂成几个部落，部落联盟至少是在个别情况下把亲属部落联合在一起。这种简单的组织，是同它得以产生的社会状态完全适应的。它无非是这种社会状态所特有的、自然长成的结构；它能够处理在这样组织起来的社会内部一切可能发生的冲突。对外的冲突，则由战争来解决。②

部落中，家户经济是由一组家庭按照共产制共同经营的，土地是全部落的财产，仅有小小的园圃归家户暂时使用，大家都是平等、自由的，包括妇女在内。他们还不曾有奴隶；奴役异族部落的事情，照例也是没有的。在没有分化为不同的阶级以前，人类和人类社会就是如此。③

部落议事会管理部落的公共事务，特别负有调整同其他部落的关系的责任。它接待和派遣使者，宣战及媾和。要是发生战争，大多由志愿者去作战。在原则上，每一个部落只要没有同其他部落订立明确的和平条约，它同这些部落便都算是处在战争状态。而且这种战争进行得很残酷，只是到后来，才因物质利益的影响而缓和一些。④ 军事行动大多由一些优秀的战士来组织。这些战士发起一个战争舞蹈，凡参加舞蹈的人，就等于宣告加入了出征队，队伍便立刻组织起来，即刻出动。部落的领土若被侵犯，其防卫也大多由志愿者来担任。⑤ 古代部落战争可能以部落的消灭而告终，但从没能以它的被奴役而告终。氏族制度的伟大，但同时也是它的局限，就在于这里没有统治和奴役存在的余地。同样，部落和氏族分为不同的阶级也是不可

---

① 《马克思恩格斯选集》第 4 卷，人民出版社 1995 年版，第 85、86、95 页。
② 《马克思恩格斯选集》第 4 卷，人民出版社 1995 年版，第 158 页。
③ 《马克思恩格斯选集》第 4 卷，人民出版社 1995 年版，第 95—97 页。
④ 《马克思恩格斯选集》第 4 卷，人民出版社 1995 年版，第 95—97 页。
⑤ 《马克思恩格斯选集》第 4 卷，人民出版社 1995 年版，第 91 页。

能的。①

二、原始社会后期私有制和阶级的出现，导致部落战争蜕变为掠夺性战争

马克思、恩格斯认为，私有制的出现揭开了新的阶级社会，导致部落战争演变为掠夺性战争。

（一）私有制和阶级的产生

马克思、恩格斯分析了私有制和阶级产生的一般经济条件，指出私有制是在自然形成的共同体的解体过程中②，从积累的必然性中发展起来的；阶级是自己时代经济关系的产物。③

在野蛮时代低级阶段，人类固定的财富差不多只限于住房、衣服、粗糙的装饰品以及获得食物和制作食物的工具：小船、武器、最简单的家庭用具。④ 人的劳动力还不能提供超出维持它的费用的显著的盈余，奴隶是没有价值的，所以美洲印第安人处置战败敌人的办法，与较高发展阶段上的人们的处置办法完全不同，男子被杀死或者被当作兄弟编入胜利者的部落；妇女则作为妻子，或者把她们同她们的尚存的子女一起收养入族。⑤ 人们只是直接为了自身的消费而生产，间或发生的交换行为也是个别的，只限于偶然的剩余物。⑥ 耕地作为部落的财产，最初交给氏族使用，后来由氏族交给家庭公社使用，最后交给个人使用。先是暂时地后来便永久地分配给各个家庭使

---

① 《马克思恩格斯选集》第 4 卷，人民出版社 1995 年版，第 158—159 页。

② 《马克思恩格斯选集》第 1 卷，人民出版社 1995 年版，第 132 页。

③ 参见《马克思恩格斯选集》第 1 卷，人民出版社 1995 年版，第 127 页；《马克思恩格斯选集》第 3 卷，人民出版社 1995 年版，第 739 页。

④ 《马克思恩格斯选集》第 4 卷，人民出版社 1995 年版，第 50 页。

⑤ 《马克思恩格斯选集》第 4 卷，人民出版社 1995 年版，第 161、51 页。

⑥ 《马克思恩格斯选集》第 4 卷，人民出版社 1995 年版，第 165 页。

用。它向完全的私有财产的过渡，是逐渐进行的，是与对偶婚制向专偶制的过渡平行地发生的。个体家庭开始成为社会的经济单位。①

真正的私有制是随着动产的出现才出现的。②家畜的驯养和畜群的繁殖，开发出前所未有的财富来源。这种新的财富最初无疑是归氏族所有，后来对畜群的私有制发展起来，在成文史的最初期，已经到处都可以看到畜群乃是家庭首领的私有财产。

这些财富转归家庭私有并迅速增加起来，创造了全新的社会关系。③第一次社会大分工使游牧部落从其余的野蛮人群中分离出来。同其余的野蛮人比较，他们不仅有数量多得多的乳、乳制品和肉类，而且有兽皮、绵羊毛、山羊毛和随着原料增多而日益增加的纺织物。这就第一次使经常的交换成为可能，各不同部落的成员之间进行交换成为一种经常制度。起初是部落和部落之间通过各自的氏族酋长来进行交换，当畜群开始变为私有财产的时候，个人交换便越来越占优势，终于成为交换的唯一形式。④

历史上一定社会的生产和交换的方式和方法的产生，同时也产生了产品分配的方式方法，随着分配上的差别的出现，也出现了阶级差别。⑤第一次社会大分工，在使劳动生产率提高，使财富增加并且使生产领域扩大的同时，在既定的总的历史条件下，必然地带来了奴隶制，从中也就产生了第一次社会大分裂，分裂为主人和奴隶、剥削者和被剥削者两个阶级。到野蛮时代的高级阶段，个人的财富在迅速增加，发生了第二次大分工：手工业和农业分离了。生产的不断增长以及随之而来的劳动生产率的不断增长，提高了人的劳动力的价值，在前一阶段上刚刚产生并且是零散现象的奴隶制，现在成为社会制度的一个根本的组成部分，奴隶们不再是简单的助手了，他们被

---

① 《马克思恩格斯选集》第4卷，人民出版社1995年版，第161、164页。
② 《马克思恩格斯选集》第1卷，人民出版社1995年版，第131页。
③ 《马克思恩格斯选集》第4卷，人民出版社1995年版，第50、51、52页。
④ 《马克思恩格斯选集》第4卷，人民出版社1995年版，第159页。
⑤ 《马克思恩格斯选集》第3卷，人民出版社1995年版，第490页。

成批地赶到田野和工场去劳动。① 潜在于家庭中的奴隶制，是随着人口和需求的增长，随着战争和交易这种外部交往的扩大而逐渐发展起来的。② 社会又有了新的阶级划分，除了自由民和奴隶的差别以外，又出现了富人和穷人的差别。③ 在实行土地公有制的氏族公社或农村公社中（一切文明民族都是同这种公社一起或带着它的非常明显的残余进入历史的），相当平等地分配产品；如果成员之间在分配方面发生了比较大的不平等，那么，这就已经是公社开始解体的标志了。④

私有财产在历史上的出现，绝不是掠夺和暴力的结果。相反，在一切文明民族的古代自然形成的公社中，私有财产已经存在了，虽然只限于某几种对象。私有财产的形成，到处都是由于生产关系和交换关系发生变化，都是为了提高生产和促进交流——因而都是由于经济的原因。在这里，暴力根本没有起任何作用。显然，在掠夺者能够占有他人的财物以前，私有财产的制度必须是已经存在了；因此，暴力虽然可以改变占有状况，但是不能创造私有财产本身。⑤

恩格斯指出，阶级最初是经过两条道路产生的。

第一条是社会职能变成对社会的统治，公仆变为主人。在古代氏族公社中，一开始就存在着一定的共同利益，维护这种利益的工作，虽然是在全体的监督之下，却不能不由个别成员来担当。这些职位被赋予了某种全权，这是国家权力的萌芽。生产力逐渐提高，较密的人口在一些场合形成了各个公社之间的共同利益，在另一些场合又形成了各个公社之间的相抵触的利益，而这些公社集合为更大的整体又引起新的分工，即建立保护共同利益和防止相抵触的利益的机构。这些机构，作为整个集体的共同利益的代表，在

---

① 《马克思恩格斯选集》第 4 卷，人民出版社 1995 年版，第 161、163 页。
② 《马克思恩格斯选集》第 1 卷，人民出版社 1995 年版，第 69 页。
③ 《马克思恩格斯选集》第 4 卷，人民出版社 1995 年版，第 164 页。
④ 《马克思恩格斯选集》第 3 卷，人民出版社 1995 年版，第 490 页。
⑤ 《马克思恩格斯选集》第 3 卷，人民出版社 1995 年版，第 505 页。

对每个单个的公社的关系上已经处于特别的、在一定情况下甚至是对立的地位，它们很快就变为更加独立的了，这种情况的造成部分地是由于职位的世袭（这种世袭在一切事情都是自发地进行的世界里差不多是自然而然地形成的），部分地是由于同别的集团的冲突的增多，使得这种机构越来越必不可少了。社会职能对社会的这种独立化逐渐上升为对社会的统治，起先的公仆在情况有利时逐步变为主人。在这种转变中，最后各个统治人物结合成一个统治阶级。

除了这样的阶级形成过程之外，还有另一种阶级形成过程。农业家族内的自发的分工，达到一定的富裕程度时，就有可能吸收一个或几个外面的劳动力到家族里来。在旧的土地公有制已经崩溃或者至少是旧的土地共同耕作已经让位于各个家族分得地块单独耕作的那些地方，上述情形尤为常见。现在人的劳动力所能生产的东西超过了单纯维持劳动力所需要的数量，维持更多的劳动力的资料已经具备了，使用这些劳动力的资料也已经具备了，劳动力获得了某种价值。但是公社本身和公社所属的集团还不能提供多余的可供自由支配的劳动力。战争却提供了这种劳动力，在这以前人们不知道怎样处理战俘，因此就简单地把他们杀掉，在更早的时候甚至把他们吃掉。但是在这时已经达到的"经济状况"的水平上，战俘获得了某种价值，因此人们就让他们活下来，并且使用他们的劳动。这样，不是暴力支配经济状况，而是相反，暴力被迫为经济状况服务。奴隶制被发现了。这种制度很快就在一切已经发展得超过古代公社的民族中成了占统治地位的生产形式，但是归根到底也成为他们衰落的主要原因之一。①

在古代世界，进步到以阶级对立为基础的社会，只能通过奴隶制的形式来完成。②奴隶制和私有制一起，却开辟了一个一直继续到今天的时代，在这个时代中，任何进步同时也是相对的退步，因为在这种进步中一些人的幸

---

① 《马克思恩格斯选集》第3卷，人民出版社1995年版，第522—524页。
② 《马克思恩格斯选集》第3卷，人民出版社1995年版，第525页。

福和发展是通过另一些人的痛苦和受压抑而实现的。①

（二）部落战争演变为掠夺战争

全盛时期的氏族制度，部落始终是人们的界限。部落、氏族及其制度，都是神圣而不可侵犯的，都是自然所赋予的最高权力，个人在感情、思想和行动上始终是无条件服从的。这种自然形成的共同体的权力必然要被打破，而且也确实被打破了。②

私有制的产生在氏族制度上打开了第一个缺口，古代的氏族组织开始瓦解。③ 由子女继承财产的父权制，促进了财产积累于家庭中，并且使家庭变成一种与氏族对立的力量；财产的差别，通过世袭贵族和王权的最初萌芽的形成，对社会制度发生反作用；奴隶制起初虽然仅限于俘虏，但已经开辟了奴役同部落人甚至同氏族人的前景。④ 民族的军事首长成了不可缺少的常设的公职人员。其所以称为"军事"，是因为战争以及进行战争的组织现在已经成为民族生活的正常功能。邻人的财富刺激了各民族的贪欲，在这些民族那里，获取财富已成为最重要的生活目的之一，掠夺在他们看来比劳动获得更容易甚至更光荣。以前打仗只是为了对侵犯进行报复，或者是为了扩大已经感到不够的领土；现在打仗，则纯粹是为了掠夺，战争成了经常性的行当。掠夺战争加强了最高军事首长以及下级军事首长的权力；习惯地由同一家庭选出他们的后继者的办法，特别是从父权制实行以来，就逐渐转变为世袭制。他们最初是耐心等待，后来是要求，最后便僭取这种世袭制了，世袭王权和世袭贵族的基础奠定下来了。于是，氏族制度的机关就逐渐挣脱了自己在民族中，在氏族、胞族和部落中的根子，而整个氏族制度就转化为自己的对立物：它从一个自由处理自己事务的部落组织转变为掠夺和压迫邻近部

---

① 《马克思恩格斯选集》第 4 卷，人民出版社 1995 年版，第 63 页。
② 《马克思恩格斯选集》第 4 卷，人民出版社 1995 年版，第 95—97 页。
③ 《马克思恩格斯选集》第 4 卷，人民出版社 1995 年版，第 97 页。
④ 《马克思恩格斯选集》第 4 卷，人民出版社 1995 年版，第 106—107 页。

落的组织，而它的各机关也相应地从人民意志的工具转变为独立的、压迫和统治自己人民的机关了。但是，如果不是对财富的贪欲把氏族成员分裂成富人和穷人，如果不是"同一氏族内部的财产差别把利益的一致变为氏族成员之间的对抗"，如果不是奴隶制的盛行已经开始使人认为用劳动获取生活资料是只有奴隶才配做的、比掠夺更可耻的活动，那么这种情况是绝不会发生的。① 古代部落对部落的战争，已经逐渐蜕变为在陆上和海上为攫夺牲畜、奴隶和财宝而不断进行的抢劫，变为一种正常的营生，一句话，财富被当作最高的价值而受到赞美和崇敬。② 为了占有最好的土地，也为了掠夺战利品，进行着不断的战争；以俘虏充作奴隶，已成为公认的制度。③ 私有财产被神圣化，并宣布这种神圣化是整个人类社会的最高目的，而且还给相继发展起来的获得财产从而不断加速财富积累的新的形式，盖上社会普遍承认的印章。④"不过它是被那种使人感到一开始就是一种退化，一种离开古代氏族社会的纯朴道德高峰的堕落的势力所打破的。最卑下的利益——无耻的贪欲、狂暴的享受、卑劣的名利欲、对公共财产的自私自利的掠夺——揭开了新的、文明的阶级社会；最卑鄙的手段——偷盗、强制、欺诈、背信——毁坏了古老的没有阶级的氏族社会，把它引向崩溃。而这一新社会自身，在其整整两千五百余年的存在期间，只不过是一幅区区少数人靠牺牲被剥削和被压迫的大多数人的利益而求得发展的图画罢了，而这种情形，现在比从前更加厉害了。"⑤

马克思主义经典作家著作中的"战争"，除专门论述私有制和阶级产生之前的原始社会部落战争外，通常是指私有制和阶级产生之后社会的各种战争，他们一般也是在这个含义上使用战争这个概念的。

---

① 《马克思恩格斯选集》第 4 卷，人民出版社 1995 年版，第 164—165 页。
② 《马克思恩格斯选集》第 4 卷，人民出版社 1995 年版，第 106—107 页。
③ 《马克思恩格斯选集》第 4 卷，人民出版社 1995 年版，第 102—103 页。
④ 《马克思恩格斯选集》第 4 卷，人民出版社 1995 年版，第 106—107 页。
⑤ 《马克思恩格斯选集》第 4 卷，人民出版社 1995 年版，第 96—97 页。

三、战争是私有制的直接和必然产物，私有制引起战争并且永远引起战争

马克思、恩格斯提出了唯物主义历史观，把唯物主义运用于社会现象，科学地揭示战争产生的根源，澄清了人们过去在这个问题上极其混乱的见解。

（一）私有制和阶级都是生产关系和交换关系的产物

马克思、恩格斯根据唯物史观的原理，认为生产以及随生产而来的产品交换是一切社会制度的基础，私有财产和阶级都是生产关系和交换关系的产物，都是自己时代的经济关系的产物。在每个历史地出现的社会中，产品分配以及和它相伴随的社会之划分为阶级或等级，是由生产什么、怎样生产以及怎样交换产品来决定的[①]；一切重要历史事件的终极原因和伟大动力是社会的经济发展、生产方式和交换方式的改变、由此产生的社会之划分为不同的阶级，以及这些阶级彼此之间的斗争[②]；一切社会变迁和政治变革的终极原因，应当到生产方式和交换方式的变更中去寻找，应当到有关时代的经济中去寻找。[③]

恩格斯说，马克思首先发现了历史运动的规律，根据这个规律，一切历史上的斗争，无论是在政治、宗教、哲学的领域中进行的，还是在其他意识形态领域中进行的，实际上只是或多或少明显地表现了各社会阶级的斗争，而这些阶级的存在以及它们之间的冲突，又为它们的经济状况的发展程度、它们的生产的性质和方式以及由生产所决定的交换的性质和方式所制约。这个规律对于历史，同能量转化定律对于自然科学具有同样的意义。[④]

---

① 《马克思恩格斯选集》第 3 卷，人民出版社 1995 年版，第 505、739、617—618 页。
② 《马克思恩格斯全集》第 22 卷，人民出版社 1965 年版，第 346 页。
③ 《马克思恩格斯选集》第 3 卷，人民出版社 1995 年版，第 617—618 页。
④ 《马克思恩格斯选集》第 1 卷，人民出版社 1995 年版，第 583 页。

马克思、恩格斯指出，由于私有制从而阶级对立的产生和日益发展，原始氏族社会被新形成的各社会阶级的冲突炸毁，代之而起的是组成为国家的新社会，阶级对立和阶级斗争从此自由开展起来。① 从土地公有的原始氏族社会解体以来，人类的全部历史都是阶级斗争的历史，即剥削阶级和被剥削阶级之间、统治阶级和被压迫阶级之间斗争的历史，这个阶级斗争的历史包括有一系列发展阶段② ；而这些阶级的斗争决定着社会的发展。③

（二）不同阶级以及阶级集团利益的对立及由此引起的冲突，是战争产生的根源

马克思主义经典作家认为，不同阶级以及阶级集团利益的对立及由此引起的冲突，是战争产生的根源。恩格斯说，只要有利益相互对立、相互冲突和社会地位不同的阶级存在，阶级之间的战争就不会熄灭。④ 列宁指出，战争同私有制的基础并不矛盾，而是这些基础的直接的和必然的发展⑤ ；在生产资料私有制的经济基础上，战争是绝对不可避免的⑥ ；只要社会分成阶级，只要人剥削人的现象存在，战争就是不可避免的⑦ ，私有制引起了战争，并且永远会引起战争。⑧ 列宁认为，一系列经济的和政治的冲突和搏斗经过不断的重复、积累、扩大和激化，最后就变成一个阶级拿起武器反对另一个阶级的斗争。⑨

恩格斯还指出，所谓宗教战争也根本是为着十分明确的物质的阶级利益而进行的；许多阶级斗争是在宗教的标志下进行的；早在中世纪，被压迫农

---

① 《马克思恩格斯选集》第4卷，人民出版社1995年版，第2页。
② 《马克思恩格斯选集》第1卷，人民出版社1995年版，第252页。
③ 《列宁全集》第1卷，人民出版社1984年版，第372—373页。
④ 《马克思恩格斯全集》第8卷，人民出版社1961年版，第249页。
⑤ 《列宁全集》第26卷，人民出版社1988年版，第366页。
⑥ 《列宁全集》第27卷，人民出版社1990年版，第326页。
⑦ 《列宁全集》第10卷，人民出版社1987年版，第321页。
⑧ 《列宁全集》第38卷，人民出版社1986年版，第191页。
⑨ 《列宁全集》第32卷，人民出版社1985年版，第167页。

民的起义总是穿着宗教的外衣，在宗教狂热的背后，每次都隐藏有实实在在的现世利益；如果说各阶级的利益、需要和要求都还隐蔽在宗教外衣之下，那么这并没有改变事情的实质，而且也容易用时代条件来加以解释。[1]

（三）战争与和平是以私有制为经济基础的社会合乎规律的形式

列宁认为，战争并不是偶然现象，也不是基督教牧师（他们在宣扬爱国主义、博爱与和平方面并不比机会主义者差）所认为的"罪恶"，而是资本主义的一个不可避免的阶段，它与和平一样，也是资本主义生活的一种合乎规律的形式。[2]马克思指出，战争比和平发达得早；某些经济关系，如雇佣劳动、机器等等，在战争和军队等中比在资产阶级社会内部发展得早。生产力和交往关系的关系在军队中也特别显著。[3]

四、现代社会的战争是资本主义制度的产物

19 世纪 40 年代，资本主义已在欧洲主要国家迅速发展，资本主义的基本矛盾已经暴露，资产阶级和无产阶级之间的斗争在欧洲最发达国家开始尖锐；欧洲许多国家还面临反对封建反动势力和反对民族压迫的斗争。这个时期，马克思、恩格斯开始创立他们的观点和学说的体系——马克思主义。他们在《共产党宣言》中指出："从灭亡了的封建社会里产生出来的现代资产阶级社会，并没有消灭阶级矛盾。它不过用新的阶级、新的压迫条件、新的斗争形式代替了旧的罢了。但是，现今的这个时代，即资产阶级时代，却有一个特点，就是它使阶级矛盾简单化了：社会日益分裂为两大敌对的阵营，

---

① 参见《马克思恩格斯全集》第 7 卷，人民出版社 1959 年版，第 400 页；《马克思恩格斯全集》第 22 卷，人民出版社 1965 年版，第 526 页。

② 《列宁全集》第 26 卷，人民出版社 1988 年版，第 44 页。

③ 《马克思恩格斯选集》第 2 卷，人民出版社 1995 年版，第 27 页。

即分裂为两大相互直接对立的阶级：资产阶级和无产阶级。"①

（一）资本主义社会是人类历史发展中的一个特殊阶段

马克思指出："生产关系总和起来就构成所谓社会关系，构成所谓社会，并且是构成一个处于一定历史发展阶段上的社会，具有独特的特征的社会。古典古代社会、封建社会和资产阶级社会都是这样的生产关系的总和，而其中每一个生产关系的总和同时又标志着人类历史发展中的一个特殊阶段。资本也是一种社会生产关系。这是资产阶级的生产关系，是资产阶级社会的生产关系。"②"资产阶级的生产关系是社会生产过程的最后一个对抗形式，这里所说的对抗，不是指个人的对抗，而是指从个人的社会生活条件中生长出来的对抗；但是，在资产阶级社会的胎胞里发展的生产力，同时又创造着解决这种对抗的物质条件。"③

恩格斯认为，历史同认识一样，永远不会在人类的一种完美的理想状态中最终结束，完美的社会、完美的"国家"是只有在幻想中才能存在的东西。相反，一切依次更替的历史状态都只是人类社会由低级到高级的无穷发展进程中的暂时阶段，每一个阶段都是必然的，因此，对它发生的那个时代和那些条件说来，都有它存在的理由；但是对它自己内部逐渐发展起来的新的、更高的条件来说，它就变成过时的和没有存在的理由了；它不得不让位于更高的阶段，而这个更高的阶段也要走向衰落和灭亡。④

（二）战争导源于资本主义的本质

列宁分析了资本主义的发展，指出在资本主义时代战争不是偶然现象，也不是由资本家强盗的恶念造成的，战争是由半个世纪以来全世界资本的发

---

① 《马克思恩格斯选集》第1卷，人民出版社1995年版，第273页。
② 《马克思恩格斯选集》第1卷，人民出版社1995年版，第345页。
③ 《马克思恩格斯选集》第2卷，人民出版社1995年版，第33页。
④ 《马克思恩格斯选集》第4卷，人民出版社1995年版，第216—217页。

展、全世界资本的千丝万缕的联系造成的，是资本主义的必然产物[1]；在资本主义制度下，各个经济部门和各个国家在经济上是不可能平衡发展的，除了工业中的危机和政治中的战争以外，没有别的办法可以恢复经常遭到破坏的均势。[2]战争导源于资本主义的本质，是资本主义生活的一种合乎规律的形式。只有在资本主义制度不再存在的时候，或者在军事技术的发展所造成的人力和财力的巨大损失以及军备所引起的民愤使这种制度趋于消灭的时候，战争才会停止。[3]

　　19世纪末，发达国家的资本主义开始转化为帝国主义，现代战争产生于帝国主义[4]。列宁指出，资本主义发展到帝国主义这个最高阶段，社会的生产力和资本的规模业已超出单个民族国家的狭隘范围。这一切促使大国竭力去奴役其他民族，去抢夺殖民地作为原料来源和资本输出场所。每个国家的资本家都在竭力追求利润，追求剥削，列强力图瓜分世界和"奴役"弱小民族。[5]整个世界正在融合为一个单一的经济机体，整个世界已被少数大国瓜分完毕。[6]列宁认为，资本家瓜分世界，并不是因为他们的心肠特别狠毒，而是因为集中已经达到这样的阶段，使他们不得不走上这条获取利润的道路；而且他们是"按资本""按实力"来瓜分世界的，在商品生产和资本主义制度下也不可能有其他的瓜分方法。实力则是随经济和政治的发展而变化的。[7]只要生产资料私有制还存在，在上述这样的经济基础上，帝国主义战争是绝对不可避免的。[8]

---

　　① 参见《列宁全集》第29卷，人民出版社1985年版，第159—160页；《列宁全集》第16卷，人民出版社1988年版，第83—84页。

　　② 《列宁选集》第2卷，人民出版社1984年版，第553页。

　　③ 《列宁全集》第17卷，人民出版社1988年版，第168页。

　　④ 《列宁全集》第26卷，人民出版社1988年版，第294页。

　　⑤ 《列宁全集》第27卷，人民出版社1990年版，第43页。

　　⑥ 《列宁全集》第26卷，人民出版社1988年版，第294页。

　　⑦ 《列宁全集》第27卷，人民出版社1990年版，第388页。

　　⑧ 《列宁全集》第27卷，人民出版社1990年版，第326页。

（三）掠夺是一切资产阶级的生存原则

马克思、恩格斯认为，资产阶级生存和统治的根本条件，是财富在私人手里的积累，是资本的形成和增殖；资本的条件是雇佣劳动；雇佣劳动完全是建立在工人的自相竞争之上的[①]；资本是资产阶级社会的支配一切的经济权力。[②] 马克思指出，掠夺是一切资产阶级的生存原则，夺取外国领土始终是"夺取"。[③]

马克思主义经典作家在他们的著作中曾详细论述过欧美资产阶级的对外掠夺与战争。恩格斯在论封建制度的瓦解和民族国家的产生时指出，在 15 世纪末，货币把封建制度破坏和从内部侵蚀的程度，从西欧在这一时期被黄金热所迷这一点看得很清楚。葡萄牙人在非洲海岸、印度和整个远东寻找的是黄金；黄金一词是驱使西班牙人横渡大西洋到美洲去的咒语；黄金是白人刚踏上一个新发现的海岸时所要的第一件东西。这种到远方去冒险寻找黄金的渴望，虽然最初是以封建和半封建形式实现的，但是从本质上来说已经与封建主义不相容了，封建主义的基础是农业，它对外征讨主要是为了取得土地。而且，航海业是确定的资产阶级的行业，它把自己的反封建性质也烙印到了现代的一切舰队上。[④]

马克思在《资本论》中论述了资产阶级是如何用暴力和战争手段来进行掠夺的。他指出："美洲金银产地的发现，土著居民的被剿灭、被奴役和被埋葬于矿井，对东印度开始进行的征服和掠夺，非洲变成商业性地猎获黑人的场所：这一切标志着资本主义生产时代的曙光。这些田园诗式的过程是原始积累的主要因素。跟踵而来的是欧洲各国以地球为战场而进行的商业战争。这场战争以尼德兰脱离西班牙开始，在英国的反雅各宾战争中具有巨大

---

① 《马克思恩格斯选集》第 1 卷，人民出版社 1995 年版，第 284 页。
② 《马克思恩格斯全集》第 12 卷，人民出版社 1962 年版，第 758 页。
③ 《马克思恩格斯全集》第 33 卷，人民出版社 1973 年版，第 167 页。
④ 《马克思恩格斯全集》第 21 卷，人民出版社 1965 年版，第 450 页。

的规模，并且在对中国的鸦片战争中继续进行下去，等等"；"原始积累的不同因素，多少是按时间顺序特别分配在西班牙、葡萄牙、荷兰、法国和英国。在英国，这些因素在十七世纪末系统地综合为殖民制度、国债制度、现代税收制度和保护关税制度。这些方法一部分是以最残酷的暴力为基础，例如殖民制度就是这样。但所有这些方法都利用国家权力，也就是利用集中的有组织的社会暴力，来大力促进从封建生产方式向资本主义生产方式的转变过程，缩短过渡时间。"[①]

　　马克思在《资本论》中分析过资产阶级对外掠夺与战争的经济根源，他说："只要机器生产在一个工业部门内靠牺牲旧有的手工业或工场手工业来扩展，它就一定取得成功，就象用针发枪装备的军队在对付弓箭手的军队时一定取得成功一样。机器刚刚为自己夺取活动范围的这个初创时期，由于借助机器生产出异常高的利润而具有决定性的重要意义。这些利润本身不仅形成加速积累的源泉，而且把不断新生的并正在寻找新的投资场所的很大一部分社会追加资本吸引到有利的生产领域。突飞猛进的初创时期的这种特殊利益，不断地在新采用机器的生产部门重现。但是，一旦工厂制度达到一定的广度和一定的成熟程度，特别是一旦它自己的技术基础即机器本身也用机器来生产，一旦煤和铁的采掘、金属加工以及交通运输业都发生革命，总之，一旦与大工业相适应的一般生产条件形成起来，这种生产方式就获得一种弹力，一种突然地跳跃式地扩展的能力，只有原料和销售市场才是它的限制。一方面，机器直接引起原料的增加，例如轧棉机使棉花生产增加。另一方面，机器产品的便宜和交通运输业的变革是夺取国外市场的武器。机器生产摧毁国外市场的手工业产品，迫使这些市场变成它的原料产地。例如东印度就被迫为大不列颠生产棉花、羊毛、大麻、黄麻、靛蓝等。大工业国工人的不断'过剩'，大大促进了国外移民和把外国变成殖民地，变成宗主国的原料产地，例如澳大利亚就变成了羊毛产地。一种和机器生产中心相适应的新

　　[①]　《马克思恩格斯全集》第23卷，人民出版社1972年版，第819页。

的国际分工产生了，它使地球的一部分成为主要从事农业的生产地区，以服务于另一部分主要从事工业的生产地区。"① 马克思曾愤怒地指出，英国人在为鸦片走私的利益发动了第一次对华战争、为保护海盗划艇进行了第二次对华战争之后，为达到一个高潮，就只有在公使常驻首都这个使中国大为其难的问题上，再来一次对华战争了。②

（四）竞争——使各国资本相互间展开了争夺市场的斗争，这种斗争尖锐时是通过战争等手段来进行和解决的

马克思主义经典作家揭示了资本的竞争规律，指明了国家之间的竞争同战争的关系。马克思和恩格斯考察了社会生产方式发展过程的历史，指出随着美洲和通往东印度的航线的发现，交往扩大了，欧洲的工场手工业和整个生产运动有了巨大的发展。工场手工业的出现使各国进入竞争的关系，展开了商业斗争，并使这种斗争变得更加广泛和更加残酷，从此以后商业便具有了政治意义。而在过去，各国只要彼此有了联系，就互相进行和平的交易。③ 各国间的竞争尽可能通过关税率、禁令和各种条约来消除，但是归根结底，竞争的斗争还是通过战争（特别是海战）来进行和解决的。④

商业和工场手工业的扩大，加速了资本的积累，产生了大资产阶级。当时最强大的海上强国英国在商业和工场手工业方面都占据优势。⑤ 到17世纪，商业和工场手工业不可阻挡地集中于一个国家——英国。这种集中逐渐地给这个国家创造了相对的世界市场，因而也造成了对它的工场手工业产品的需求，这种需求是旧的工业生产力所不能满足的。这种超过了生产力的需求成为产生大工业的动力⑥，英国成为大工业的发源地。工场手工业生产了机器，

---

① 《马克思恩格斯全集》第 23 卷，人民出版社 1972 年版，第 493—495 页。
② 《马克思恩格斯选集》第 1 卷，人民出版社 1995 年版，第 753—754 页。
③ 《马克思恩格斯选集》第 1 卷，人民出版社 1995 年版，第 109—110 页。
④ 《马克思恩格斯选集》第 1 卷，人民出版社 1995 年版，第 111 页。
⑤ 《马克思恩格斯选集》第 1 卷，人民出版社 1995 年版，第 110、111 页。
⑥ 《马克思恩格斯文集》第 1 卷，人民出版社 2009 年版，第 565 页。

而大工业借助机器，在它首先占领的那些生产领域排除了手工业生产和工场手工业生产。大工业把巨大的自然力和自然科学并入生产过程，大大提高了劳动生产率，机器制品的总量远远超过被排挤的手工业制品的总量，造成了新的世界市场关系。① 大工业使竞争普遍化，创造了交通工具和现代化的世界市场，控制了商业，把所有的资本都变为工业资本，从而使流通加速（发达的货币制度）、资本集中。② 竞争很快就迫使所有人的全部精力极度紧张起来，使每一个不愿丧失自己的历史作用的国家，为了保护自己的工场手工业而采取新的关税措施（旧的关税已无力抵制大工业了），并随即在保护关税的保护下开办大工业。③ 资本主义破坏了旧时经济体系的孤立和闭关自守的状态，把世界上所有的国家联结成统一的经济整体。④

　　资本的增大加剧了资本家之间的竞争，马克思和恩格斯描述了他们相互之间的产业战争。一个资本家只有在自己更便宜地出卖商品的情况下，才能把另一个资本家逐出战场，并占有他的资本。可是，要能够更便宜地出卖而又不破产，就必须更便宜地进行生产，必须尽量提高劳动的生产力。而增加劳动的生产力的首要办法是更细地分工，更全面地应用和经常地改进机器。随着生产的扩大，对销路的需要也增加了，因此，资本家之间就发生了全面的竞争。如果某一个资本家由于更细地分工、更多地采用新机器并改进新机器等，因而有可能用同样多的劳动生产出比他的竞争者更多的商品，这个资本家出卖商品的价格就要比他的竞争者便宜些。只要他的商品价格定得比他的竞争者低百分之几，就能把他的竞争者挤出市场，或者至少也能夺取他的竞争者的一部分销路。他所采用的这些更有效率、更加贵重的生产资料使他能够廉价出卖商品，但是这种生产资料又使他不得不出卖更多的商品，为自己的商品争夺更大得多的市场。但是，不管一个资本家运用了效率多么高的

---

① 《马克思恩格斯文集》第5卷，人民出版社2009年版，第433、439、444、509、512页。
② 《马克思恩格斯文集》第1卷，人民出版社2009年版，第565—567页。
③ 《马克思恩格斯文集》第1卷，人民出版社2009年版，第565—567页。
④ 《列宁全集》第3卷，人民出版社1984年版，第50页。

生产资料，这个资本家的特权不会长久，竞争总使这种生产资料普遍地被采用，而一旦这种生产资料普遍地被采用，他的资本具有更大效率的唯一后果就只能是：要保持原来的价格总额，他就必须提供比以前多10倍、20倍乃至100倍的商品。因为现在他必须售出比以前多倍的商品，才能靠增加所售商品数量的办法来弥补由于售价降低所受的损失，这不仅是为了得到利润，也是为了补偿生产费用（生产工具本身也日益昂贵）。此时这种大量出卖不仅对于他而且对于他的竞争者都成了生死问题，所以先前的斗争就会随着已经发明的生产资料的生产效率的提高而日益激烈起来，直到产品的价格不仅跌到原先的生产费用以下，而且跌到新的生产费用以下为止。这样，资本家的相互关系又会像采用新生产资料以前那样了。在这种新生产费用的水平上，同样一场角逐又重新开始，分工更细了，使用的机器数量更多了，利用这种分工的范围和采用这些机器的规模更大了。可是，不管已被采用的生产资料的力量多么强大，竞争总是要把资本从这种力量中得到的黄金果实夺去，使商品的价格降低到生产费用的水平，竞争使便宜的生产即为了同一价格总额而提高日益增多的产品数量成为确定不移的规律。[①] 迅速增长的大工厂已经不能满足于以前的市场范围，必然超出地区以至国家的界限，它们开始到更远的地方给自己寻找市场。[②] 工厂制度的巨大的跳跃式的扩展能力和它对世界市场的依赖，必然造成热病似的生产，这种狂热的激发状态同时笼罩了整个世界市场，并随之造成市场商品充斥，而当市场收缩时，就出现瘫痪状态。工业的生命按照活跃、繁荣、生产过剩、危机、停滞这几个时期的顺序而不断地转换。除了繁荣时期以外，资本家之间总是进行十分激烈的斗争，以争夺各自在市场上的地位。这种地位同产品的便宜程度成正比。[③] 因此，各国之间的竞争比个人之间的竞争要激烈、尖锐得多，因为这是一个集

---

① 《马克思恩格斯选集》第 1 卷，人民出版社 1995 年版，第 356—359 页。

② 《列宁全集》第 3 卷，人民出版社 1984 年版，第 50、544—545 页。

③ 《马克思恩格斯全集》第 23 卷，人民出版社 1972 年版，第 497 页。

中的、大规模的斗争。① 贸易成为极其严重的政治问题，成为国家之间利害冲突之源。② 世界上几个最大的资本主义强国——英国、法国、美国、德国，它们几十年来的全部政治就是不断地进行经济竞争，以求统治全世界，扼杀弱小民族，保证势力范围已囊括全世界的本国银行资本获得三倍和十倍的利润。③

列宁指出，资本主义之所以必须有国外市场，绝不是由于产品不能在国内市场实现，而是由于资本主义不能够在不变的条件下以原有的规模重复同样的生产过程（如像在前资本主义制度下所发生的那样），它必然会引起生产的无限制的增长，而超过原有经济单位的旧的狭隘的界限。大工厂力求超出旧市场的界限，在其他区域、其他国家或老国家的移民区内去寻找市场。资本主义如果不经常扩大其统治范围，如果不开发新的地方并把非资本主义的古老国家卷入世界经济的旋涡，它就不能存在与发展。因此，资本主义市场形成的过程表现在两方面：资本主义向深度发展，即资本主义农业与资本主义工业在现有的、一定的、闭关自守的领土内的进一步发展；资本主义向广度发展，即资本主义统治范围扩展到新的领土。④ 工业资产阶级只有在它已经夺得世界市场的时候才能达到强大的地步，在本国的疆界内是不能满足其发展需要的。⑤ 资本就是靠同它竞争的资本家和同它竞争的国家的破产获利，以实现更高程度的积聚，因此，经济竞争即在经济上促使对手破产的斗争愈尖锐、回旋余地愈"狭窄"，资本家就愈是力求辅之以军事手段来促使对手破产。⑥

---

① 《马克思恩格斯全集》第 2 卷，人民出版社 1957 年版，第 623 页。

② 《马克思恩格斯全集》第 9 卷，人民出版社 1961 年版，第 15 页。

③ 《列宁全集》第 30 卷，人民出版社 1985 年版，第 81 页。

④ 《列宁全集》第 3 卷，人民出版社 1984 年版，第 547 页。

⑤ 《马克思恩格斯选集》第 1 卷，人民出版社 1995 年版，第 385 页。

⑥ 《列宁全集》第 26 卷，人民出版社 1988 年版，第 246 页。

(五) 军备竞争是资本主义的结果

资本主义国家之间争夺世界市场的斗争，导致这些国家为拥有一支人数最多、实力最强的军队而进行无休止的竞争。某个国家增加一次武装力量，别的国家就都会这样做，甚至有过之无不及，和平越来越变得几乎比战争更花钱；这就使各国的阴谋家，那些热衷于浑水摸鱼的家伙，得以把人民推向战争。① 现代军国主义成为资本主义的结果。② 到 19 世纪末，欧洲分成两大军事阵营，两个阵营都在准备决战。恩格斯早在 1887 年 12 月就预见到：已达顶点的军备竞争制度终于产生它的不可避免的结果，就是它必然导致一场毁灭性的大战，"除了世界战争以外已经已不可能有任何别的战争了。这会是一场具有空前规模和空前剧烈的世界战争。那时会有 800 万到 1000 万的士兵彼此残杀，同时把整个欧洲都吃得干干净净，比任何时候的蝗虫群还要吃得厉害。三十年战争所造成的大破坏集中在三四年里重演出来并遍及整个大陆；到处是饥荒、瘟疫，军队和人民群众因极端困苦而普遍野蛮化；我们在商业、工业和信贷方面的人造机构陷于无法收拾的混乱状态，其结局是普遍的破产；旧的国家及其世代相因的治国才略一齐崩溃，以致王冠成打地滚在街上而无人拾取……只有一个结果是绝对没有疑问的，那就是普遍的衰竭和为工人阶级的最后胜利造成条件"③。后来历史发展的进程完全证实了恩格斯的预见。

五、战争是和平政治的继续，和平是战争政治的继续

马克思主义经典作家一向是从政治同战争与和平的联系来考察战争与和平问题的。他们认为，战争是和平政治的继续，和平是战争政治的继续，这

---

① 《马克思恩格斯全集》第 21 卷，人民出版社 1965 年版，第 394 页。
② 《列宁全集》第 17 卷，人民出版社 1988 年版，第 167 页。
③ 《马克思恩格斯全集》第 21 卷，人民出版社 1965 年版，第 401—402 页。

是辩证法基本原理的运用①。斯大林认为，政治产生战争是马克思主义的一个原理。②

（一）战争总是同一定阶级的政治有不可分割的联系③

马克思主义经典作家认为，一切阶级斗争都是政治斗争，阶级斗争的实质是经济利益的斗争。每一既定社会的经济关系首先表现为利益④，人们奋斗所争取的一切，都同他们的利益有关。⑤而阶级对立是建立在经济基础上的，是从敌对阶级的物质的、经济的生活条件中产生的，是建立在迄今存在的物质生产方式和由这种方式所决定的交换关系上的。⑥一切阶级斗争必然地具有政治形式，都是政治斗争，政治权力不过是用来实现经济利益的手段。⑦唯物主义的方法在这里就往往只限于把政治冲突归结为由经济发展所造成的现有各社会阶级以及各阶级集团的利益的斗争，而把各个政党看作是这些阶级以及阶级集团的大体相应的政治表现。⑧马克思主义是根据日常生活中千万件事实所表现的阶级矛盾和阶级斗争来判断"利益"的。⑨恩格斯指出："一切所谓政治革命，从头一个起到末一个止，都是为了保护一种财产而实行的，都是通过没收（或者也叫作盗窃）另一种财产而进行的。所以毫无疑问，2500 年来私有财产之所以能保存下来，只是由于侵犯了财产所有权的缘故。"⑩战争和政治是同一定阶级的利益相联系的。⑪如果忘记任何

---

① 参见《列宁全集》第 28 卷，人民出版社 1990 年版，第 240 页；《列宁全集》第 26 卷，人民出版社 1988 年版，第 235 页。

② 《斯大林文集》中文 1984 年版，第 490 页。

③ 《列宁全集》第 29 卷，人民出版社 1985 年版，第 261 页。

④ 《马克思恩格斯选集》第 3 卷，人民出版社 1995 年版，第 209 页。

⑤ 《马克思恩格斯全集》第 1 卷，人民出版社 1956 年版，第 82 页。

⑥ 《马克思恩格斯全集》第 5 卷，人民出版社 1958 年版，第 533、534 页。

⑦ 《马克思恩格斯选集》第 4 卷，人民出版社 1995 年版，第 250、251 页。

⑧ 《马克思恩格斯选集》第 4 卷，人民出版社 1995 年版，第 506—507 页。

⑨ 《列宁全集》第 26 卷，人民出版社 1988 年版，第 244—245 页。

⑩ 《马克思恩格斯选集》第 4 卷，人民出版社 1995 年版，第 113 页。

⑪ 《列宁全集》第 29 卷，人民出版社 1985 年版，第 217 页。

战争都不过是政治通过另一种手段的继续，那在理论上是完全错误的。① 政治产生战争是马克思主义的一个原理。

（二）战争是由政治产生的，任何战争都仅仅是政治的继续，是一定阶级、集团、国家战前推行的政治通过暴力手段的继续

列宁非常赞同克劳塞维茨的名言："战争是政治通过另一种手段的继续"。他认为，战争是由政治产生的，是"政治"这个整体的一部分，是政治通过暴力手段的继续，是"以剑代笔"的政治。② 任何战争都与一个国家、一个阶级战前的政治有密切的经济联系和历史联系③，都是同产生它的政治制度分不开的。某个国家，这个国家的某个阶级在战前长期推行的政治，这个阶级在战时必然地和不可避免地会继续加以推行，只是变换了行动方式而已，战争本身并不改变战前政治的发展方向，而只是加速这一发展。④ 列宁指出，应当分析哪些阶级在进行战争，它们在为什么而战。⑤ 战争愈是政治的，看来就愈是"军事的"；战争愈缺少政治的成分，看来就愈显得是"政治的"。⑥ 对于阶级之间的战争，列宁认为一系列经济的、政治的冲突和搏斗，经过不断的重复、积累、扩大和激化，最后变成一个阶级拿起武器反对另一个阶级的斗争。⑦

不同政治的继续会导致不同的战争，革命战争则是革命政治的继续。列宁认为，争夺"世界霸权"是帝国主义政治的内容，帝国主义政治的继续便是帝国主义战争⑧，它遭到了人民群众的反对，是使人民群众革命化的最好

---

① 《列宁全集》第 28 卷，人民出版社 1990 年版，第 89 页。
② 《列宁全集》第 60 卷，人民出版社 1990 年版，第 103、105、107 页。
③ 《列宁全集》第 30 卷，人民出版社 1985 年版，第 78—79 页。
④ 《列宁全集》第 27 卷，人民出版社 1990 年版，第 284 页。
⑤ 《列宁全集》第 29 卷，人民出版社 1985 年版，第 217 页。
⑥ 《列宁全集》第 60 卷，人民出版社 1990 年版，第 84 页。
⑦ 《列宁全集》第 32 卷，人民出版社 1985 年版，第 167 页。
⑧ 《列宁全集》第 28 卷，人民出版社 1990 年版，第 125 页。

手段。^① 在帝国主义时代必然产生和培育反对民族压迫斗争的政治和无产阶级反对资产阶级斗争的政治，因此就可能有而且必然会有：第一，革命的民族起义和战争；第二，无产阶级反对资产阶级的战争和起义；第三，这两种革命战争的汇合等。^② 列宁指出，我们的战争^③ 则是革命政治的继续，是无产阶级政治的继续，是推翻剥削者——资本家和地主这一政治的继续。这种战争愈向前发展，就愈能加强劳动群众同领导这一战争的无产阶级的联系。^④ 因此，"我们的战争虽然异常艰苦，却使我们博得了工人农民的同情。战争不仅是政治的继续，而且是政治的集中，是在这场地主资本家依靠称霸全世界的协约国而强加给我们的空前艰苦的战争中学习政治"^⑤。

（三）政治在战争中也在"继续"，和平也是导致同一战争的政治的继续

列宁指出，战争是政治的继续，而政治在战争时期也在"继续"。^⑥ 战争是由政治来结束的，结束任何一场战争的和平也是同一政治的继续，它只能是这场战争的进程和结果中所达到的实际力量变化的记录和记载。^⑦

（四）战争与和平是一切社会因素交互作用的结果

马克思主义经典作家认为，战争与和平作为社会历史现象，是一切社会因素交互作用的结果。恩格斯指出，人们是在十分确定的前提和条件下创造自己的历史，其中经济的前提和条件归根到底是决定性的，"历史过程中的决定性因素归根到底是现实生活的生产和再生产。无论马克思或我都从来没

---

① 《列宁全集》第 37 卷，人民出版社 1986 年版，第 342—343 页。

② 《列宁全集》第 28 卷，人民出版社 1990 年版，第 89 页。

③ 指十月革命后进行的战争。——引者注

④ 《列宁全集》第 37 卷，人民出版社 1986 年版，第 342—343 页。

⑤ 《列宁全集》第 37 卷，人民出版社 1986 年版，第 387—388 页。

⑥ 《列宁全集》第 28 卷，人民出版社 1990 年版，第 195 页。

⑦ 《列宁全集》第 27 卷，人民出版社 1990 年版，第 463 页。

有肯定过比这更多的东西。如果有人在这里加以歪曲，说经济因素是唯一决定性的因素，那么他就是把这个命题变成毫无内容的、抽象的、荒诞无稽的空话。"但是政治等等的前提和条件，甚至那些存在于人们头脑中的传统，也起着一定的作用，虽然不是决定性的作用。经济状况是基础，但是对历史斗争的进程发生影响并且在许多情况下主要是决定着这一斗争的形式的，还有上层建筑的各种因素：阶级斗争的各种政治形式和这个斗争的成果——由胜利了的阶级在获胜以后建立的宪法等等，各种法权形式以及所有这些实际斗争在参加者头脑中的反映，政治的、法律的和哲学的理论，宗教的观点以及它们向教义体系的进一步发展。①

马克思主义经典作家认为，经济运动必定要受到政治运动的反作用。恩格斯指出，政治、法、哲学、宗教、文学、艺术等等的发展是以经济发展为基础的。但是，它们又都互相作用并对经济基础发生作用。并非只有经济状况才是原因，才是积极的，其余一切都不过是消极的结果——如果这样认为，它们只是经济状况的消极结果，那么就是一种空洞的抽象。这是在归根到底总是得到实现的经济必然性的基础上的互相作用。②经济运动会为自己开辟道路，但是它也必定要经受它自己所确立的并且具有相对独立性的政治运动的反作用，即国家权力的以及和它同时产生的反对派的运动的反作用。③所以，并不像人们有时不加思考地想象的那样是经济状况自动发生作用。人们创造自己的历史是在既定的、制约着他们的环境中，在现有的现实关系的基础上进行创造的，在这些现实关系中，经济关系不管受到其他关系——政治的和意识形态的——多大影响，归根到底还是具有决定意义的，它构成一条贯穿始终的、唯一有助于理解的红线。④这里表现出这一切因素间的交互作用，而在这种交互作用中归根到底是经济运动作为必然的东西通

① 《马克思恩格斯全集》第 37 卷，人民出版社 1971 年版，第 460—461 页。
② 《马克思恩格斯选集》第 4 卷，人民出版社 1995 年版，第 732 页。
③ 《马克思恩格斯选集》第 4 卷，人民出版社 1995 年版，第 701 页。
④ 《马克思恩格斯选集》第 4 卷，人民出版社 1995 年版，第 732 页。

过无穷无尽的偶然事件（即这样一些事物，它们的内部联系是如此疏远或者是如此难于确定，以致人们可以忘掉这种联系，认为这种联系并不存在）向前发展。① 历史的发展过程是在相互作用的形式中进行的（虽然相互作用的力量很不相等：其中经济运动是最强有力的、最本原的、最有决定性的），这里没有什么是绝对的，一切都是相对的。②

马克思主义经典作家还认为，历史结果是不同意志合力的产物。恩格斯指出，人们自己创造自己的历史，但是到现在为止，他们并不是按照共同的意志，根据一个共同的计划，甚至不是在一个有明确界限的既定社会内来创造自己的历史。他们的意向是相互交错的③，最终的结果总是从许多单个的意志的相互冲突中产生出来的，而其中每一个意志，又是由于许多特殊的生活条件，才成为它所成为的那样。这样就有无数互相交错的力量，有无数个力的平行四边形，由此就产生出一个合力，即历史结果，而这个结果又可以看作一个作为整体的、不自觉地和不自主地起着作用的力量的产物。因为任何一个人的愿望都会受到任何另一个人的妨碍，而最后出现的结果就是谁都没有希望过的事物。所以到目前为止的历史总是像一种自然过程一样地进行，而且实质上也是服从于同一运动规律的。"但是，各个人的意志——其中的每一个都希望得到他的体质和外部的、归根到底是经济的情况（或是他个人的，或是一般社会性的）使他向往的东西——虽然都达不到自己的愿望，而是融合为一个总的平均数，一个总的合力，然而从这一事实中决不应作出结论说，这些意志等于零。相反，每个意志都对合力有所贡献，因而是包括在这个合力里面的。"④ 正因为如此，在所有这样的社会里，都是那种以偶然性为其补充和表现形式的必然性占统治地位。在这里通过各种偶然性而

---

① 《马克思恩格斯全集》第 37 卷，人民出版社 1971 年版，第 461 页。
② 《马克思恩格斯选集》第 4 卷，人民出版社 1995 年版，第 705 页。
③ 《马克思恩格斯选集》第 4 卷，人民出版社 1995 年版，第 732—733 页。
④ 《马克思恩格斯选集》第 4 卷，人民出版社 1995 年版，第 605—606 页。

得到实现的必然性，归根到底仍然是经济的必然性。①

六、只有建立社会主义制度，消灭战争产生的根源，才能使人类实现持久和平

马克思主义经典作家对战争与和平的态度，同资产阶级是有原则区别的。列宁指出，我们和资产阶级和平主义者不同的是，我们懂得战争和国内阶级斗争有必然的联系，懂得不消灭阶级，不建立社会主义，就不可能消灭战争②；而资产阶级的和平主义者过去和现在都认为和平是一种根本不同的东西，他们始终不能理解"战争是和平政治的继续，和平是战争政治的继续"这一思想。③

（一）只要无产阶级还没有足够的力量来结束资本主义制度，帝国主义就会用战争来威胁世界

马克思主义经典作家认为，阶级对立和阶级斗争只能随着阶级的消失而消失④，只要有利益相互对立、相互冲突和社会地位不同的阶级存在，阶级之间的战争就不会熄灭。⑤列宁指出，在帝国主义时代战争是不可避免的，在资本主义制度下，要消灭民族的（以至一切政治的）压迫是不可能的⑥；在资本主义现实中"国际帝国主义的"或"超帝国主义的"联盟，不管形式如何，不管是一个帝国主义联盟去反对另一个帝国主义联盟，还是所有帝国主义大国结成一个总联盟，都不可避免地只会是两次战争之间的"喘息"。和平的联盟准备着战争，同时它又是从战争中生长出来的，两者互相制约，

---

① 《马克思恩格斯选集》第 4 卷，人民出版社 1995 年版，第 733 页。
② 《列宁全集》第 26 卷，人民出版社 1988 年版，第 322 页。
③ 《列宁全集》第 28 卷，人民出版社 1990 年版，第 240 页。
④ 《马克思恩格斯全集》第 5 卷，人民出版社 1958 年版，第 533 页。
⑤ 《马克思恩格斯全集》第 8 卷，人民出版社 1961 年版，第 249 页。
⑥ 《列宁全集》第 28 卷，人民出版社 1990 年版，第 21 页。

在世界经济和世界政治的帝国主义联系和相互关系这个同一基础上，形成和平斗争形式与非和平斗争形式的彼此交替。① 如果社会主义不能取胜，那么资本主义国家之间的和平不过是暂时的停战，暂时的间歇，是驱赶各国人民进行新的大厮杀的准备。②

（二）只有社会主义制度才能使人类摆脱战争

马克思主义经典作家认为，战争是资本主义的必然产物，是由统治阶级挑起的。现在人类大多数都反对血腥的大厮杀，但是他们理解不到这种大厮杀同资本主义制度的直接联系，要结束它只有靠工人阶级革命，没有革命的发展，战争是结束不了的③；只有推翻资本主义制度才能结束战争④，只有无产阶级社会主义革命才能把人类从帝国主义和帝国主义战争所造成的绝境中解救出来。⑤ 马克思和恩格斯早在《共产党宣言》中就指出："人对人的剥削一消灭，民族对民族的剥削就会随之消灭。民族内部的阶级对立一消失，民族之间的敌对关系就会随之消失。"⑥ 马克思说："全世界工人阶级的联合终究会根绝一切战争。……正在诞生一个新社会，而这个新社会的国际原则将是和平，因为每一个民族都将有同一个统治者——劳动！" ⑦

在和平问题上，列宁指出，无产阶级斗争的目的不应当是单纯以和平来代替战争，而应当是以社会主义来代替资本主义，问题的实质不在于仅仅防止战争的爆发，而在于利用战争所产生的危机加速推翻资产阶级。⑧ 无产阶级争取实现和平，但不是帝国主义的和平，不是帝国主义列强勾结

---

① 《列宁全集》第 27 卷，人民出版社 1990 年版，第 431 页。
② 《列宁全集》第 33 卷，人民出版社 1985 年版，第 171 页。
③ 《列宁全集》第 30 卷，人民出版社 1985 年版，第 100 页。
④ 《列宁全集》第 35 卷，人民出版社 1985 年版，第 66 页。
⑤ 《列宁全集》第 29 卷，人民出版社 1985 年版，第 475 页。
⑥ 《马克思恩格斯选集》第 1 卷，人民出版社 1995 年版，第 291 页。
⑦ 《马克思恩格斯选集》第 3 卷，人民出版社 1995 年版，第 19 页。
⑧ 《列宁全集》第 16 卷，人民出版社 1988 年版，第 83—84 页。

起来瓜分资本家及其政府所夺得的赃物，而是实现真正持久的、民主的和平，这种和平如果没有许多国家的无产阶级革命，是实现不了的。① 无产阶级对战争的回答应当是：宣传、准备和实现以推翻资产阶级统治、夺取政权和实现社会主义制度为目的的群众性的革命行动，建立社会主义制度，消灭私有制和阶级，只有社会主义制度才能使人类摆脱战争，实现持久和平。② 不然就无法摆脱帝国主义战争，也无法摆脱帝国主义的掠夺性的和平。③

列宁还指出，只要无产阶级还没有足够的力量来结束资本主义制度、彻底推翻资本主义，帝国主义就会用接连不断的战争来威胁世界。④ 只有无产阶级革命才能消灭而且一定能消灭一切战争。⑤

(三) 不开展革命的阶级斗争，任何想实现民主的和平的愿望都是靠不住的

列宁认为，应当向群众解释并坚决、清楚和明确地告诉了他们，如果不开展革命的阶级斗争，任何想实现民主的（没有兼并、不使用暴力、不掠夺他国的）和平的愿望都是靠不住的，不应当让群众沉溺于不推翻帝国主义也可以实现和平的幻想之中。⑥ 无产阶级政党的"和平纲领"应当说明帝国主义大国和帝国主义资产阶级不可能给予民主的和平。民主的和平必须去寻求和争取，但不是到资本主义制度之下的各平等民族的联合这种反动的空想里去寻求和争取，而是要到无产阶级社会主义革命中去寻求和争取，不经过在社会主义的旗帜下进行的革命搏斗，任何一个根本的民主要求都不可能比较

---

① 《列宁全集》第 29 卷，人民出版社 1985 年版，第 53—54 页。

② 参见《列宁全集》第 28 卷，人民出版社 1990 年版，第 206 页；《列宁全集》第 29 卷，人民出版社 1985 年版，第 160 页。

③ 《列宁全集》第 35 卷，人民出版社 1985 年版，第 284 页。

④ 《列宁全集》第 26 卷，人民出版社 1988 年版，第 221 页。

⑤ 《列宁全集》第 26 卷，人民出版社 1988 年版，第 221 页。

⑥ 《列宁全集》第 27 卷，人民出版社 1990 年版，第 38 页。

广泛而巩固地实现。①

（四）维护和平的运动不足以根本消除资本主义国家之间的战争

列宁认为，群众要求和平的情绪，往往反映他们已经开始对战争发出抗议，表示愤慨，开始认识到战争的反动性质；利用这种情绪，是一切共产党人的责任，他们应当最热情地参加在这个基础上产生的一切运动和一切游行示威；但是共产党不能欺骗人民，不能传布这样一种思想：似乎不进行革命运动也可以实现没有兼并、没有民族压迫、没有掠夺、不含现在的各国政府和统治阶级之间的新战争萌芽的和平。这样欺骗人民，只会有利于各交战国政府的秘密外交和它们的反革命计划。②

斯大林指出，和平运动，其目的是唤起人民群众去为维护和平、防止新的世界大战而斗争。因而它所抱的目的不是推翻资本主义和建立社会主义，它只限于为维护和平斗争的民主目的。这种和平运动在获得胜利的情况下，会使这个战争得以防止，使它暂时推迟，使当前的和平暂时维持，使好战政府辞职而代之以别的愿意暂时维持和平的政府。这当然是好的，甚至是很好的。但是，这仍然不足以根本消除资本主义国家之间战争的不可避免性。其所以不足，是因为纵然有保卫和平运动的这一切胜利，但帝国主义仍然保持，仍然存在，因而战争的不可避免性也仍然是存在的。③

（五）社会主义革命在一国或几个国家取得胜利，绝不能一下子根本排除一切战争

列宁曾明确地指出，在一国取得胜利的社会主义绝不能一下子根本排除一切战争。相反，它预计到会有战争。资本主义的发展在各个国家是极不平衡的。由此得出一个必然的结论：社会主义不能在所有国家内同时获得胜

---

① 《列宁全集》第 27 卷，人民出版社 1990 年版，第 288—289 页。
② 《列宁全集》第 26 卷，人民出版社 1988 年版，第 339—340 页。
③ 《斯大林文集》，人民出版社 1985 年版，第 625 页。

利。它将首先在一个或者几个国家内获得胜利，而其余的国家在一段时间内将仍然是资产阶级的或资产阶级以前的国家。这就不仅必然引起摩擦，而且必然引起其他各国资产阶级力图打垮社会主义国家中胜利的无产阶级的直接行动。在这种情况下发生的战争，从我们方面来说就会是正当的和正义的战争。这是争取社会主义、争取把其他各国人民从资产阶级压迫下解放出来的战争。恩格斯在 1882 年 9 月就曾说过已经胜利了的社会主义有进行"自卫战争"的可能性，他说得完全正确。他指的正是胜利了的无产阶级进行自卫以反对其他各国的资产阶级。只有在我们推翻、彻底战胜并剥夺了全世界的而不只是一国的资产阶级之后，战争才会成为不可能的。[①] 如果以为社会主义革命在一国或几个国家取得胜利，就立刻会并且一定会消灭一切战争，那就是和平主义的幻想了。[②]

第二节　关于战争与和平的性质和作用

马克思主义经典作家认为，历史上战争与和平具有不同的社会性质，它们都是阶级斗争的不同方式，都是达到经济利益这个根本目的手段。

一、历史上的战争与和平具有不同的社会性质

马克思主义经典作家指出，弄清战争与和平的性质，是马克思主义者对待战争与和平问题态度的必要前提，否则就会对问题作出不是唯物主义的而是折中主义的解释。

列宁认为，战争的真实社会性质就是战争的真实阶级性质。[③] 对于各种各样的战争，怎样找出它的"真正实质"？列宁指出，战争是政治通过暴力

---

① 《列宁全集》第 28 卷，人民出版社 1990 年版，第 88—89 页。
② 《列宁全集》第 42 卷，人民出版社 1987 年版，第 307 页。
③ 《列宁全集》第 27 卷，人民出版社 1990 年版，第 326 页。

手段的继续，应当研究战前的政治，研究正在导致和已经导致战争的政治；不把战争同有关的国家、有关的国家体系、有关的阶级在战前的政治联系起来，是说明不了战争的。因此，必须弄清楚一个基本问题，即战争爆发的原因是什么，是由哪些阶级为了什么政治目的进行的，是由什么样的历史条件和历史经济条件造成的，具有什么样的阶级性。不弄清楚这些，关于战争的一切议论势必都是纯粹的空话，都是纯粹字面上的和没有结果的争论。正是在这个基本问题上，人们常常忘记和注意不够，并引起很多也许可以说是毫无意义、徒劳无益的争论；产生这些争执，正是由于人们在分析战争问题的时候，往往说的是完全不同的语言。①

列宁还指出，战争本身并不改变战前政治的发展方向，而只是加速这一发展；同样，结束任何一场战争的和平也是同一政治的继续，它只能是在这场战争的结果中所达到的实际力量变化的记录和记载。②

列宁赞同克劳塞维茨反对的那种认为，战争可以同有关政府、有关阶级的政治分开，某个时候可以把战争看成是一种破坏和平的单纯的进攻，接着又是恢复这种被破坏的和平，相互厮杀，又言归于好的鄙陋无知的观点。③

（一）战争的真实阶级性质是由进行战争的那个阶级的政治及其阶级地位决定的

列宁指出，战争的社会性质和它的真正意义并不是由敌军盘踞在什么地方决定的，也不能用关于一般进攻或防御的话来评价，更不是由某些个人、集团以至某些民族的"善良愿望"决定的；决定战争社会性质的是那个阶级的政治（战争是这一政治的继续）以及政治目的的性质，是由一定阶级进行

---

① 参见《列宁全集》第30卷，人民出版社1985年版，第77—78、81页；《列宁全集》第27卷，人民出版社1990年版，第284、463页；《列宁全集》第29卷，人民出版社1985年版，第217页。

② 《列宁全集》第27卷，人民出版社1990年版，第284、463页。

③ 《列宁全集》第30卷，人民出版社1985年版，第78页。

和进行战争的那个阶级的地位决定的①；如果政治是帝国主义的政治，就是说，它保护金融资本的利益，掠夺和压迫殖民地以及别人的国家，那么由这种政治产生的战争便是帝国主义战争；如果政治是民族解放的政治，就是说，它反映了反对民族压迫的群众运动，那么由这种政治产生的战争便是民族解放战争。列宁认为，任何战争都是同产生它的政治制度分不开的，某个国家，这个国家的某个阶级在战前长期推行的政治，这个阶级在战时必然地和不可避免地会继续加以推行，只是变换了行动方式而已。为了说明这种客观情况，应当利用的，不是一些例子和个别的材料（社会生活现象极其复杂，随时都可以找到任何数量的例子或个别的材料来证实任何一个论点），而必须是关于所有交战国及其经济生活基础的材料的总和。②

（二）不同社会性质的战争导致不同条件下的和平

马克思主义经典作家指出，战争总是要转向和平的，总是由和平来结束的，而和平是同一定的条件相联系的，不同社会性质的战争导致不同条件下的和平。列宁认为，根据实现和平的条件，有两类不同性质的和平：一、掠夺的、兼并的、压迫条件下的和平；二、公正的、民主的、持久的和平。③

列宁指出，在现存的资产阶级的社会关系的基础没有被触动的情况下，在保存资产阶级社会制度的条件下，不管战争结局如何，帝国主义战争只能导致帝国主义的和平④；这种和平只能是帝国主义大国之间或长或短的休战，只能是加强各国国内的反动势力、加强民族压迫和对弱小民族的奴役、为准备新战争增添燃料等等的和平，不可能有任何其他的和平。因为从整个帝国

---

① 参见《列宁全集》第32卷，人民出版社1985年版，第222页；《列宁全集》第28卷，人民出版社1990年版，第240页；《列宁全集》第29卷，人民出版社1985年版，第158页；《列宁全集》第60卷，人民出版社1990年版，第100页。

② 参见《列宁全集》第28卷，人民出版社1990年版，第122—123页；《列宁全集》第30卷，人民出版社1985年版，第79页；《列宁全集》第27卷，人民出版社1990年版，第326页。

③ 《列宁全集》第27卷，人民出版社1990年版，第38、288—289页。

④ 《列宁全集》第27卷，人民出版社1990年版，第294、297页。

主义时代所形成的和所有交战大国的资产阶级无论在这场战争之前或在战争期间所推行的政治的客观内容来看，必然产生以对其他民族的新的更加残酷的压迫等等为基础的和平①；如果认为从帝国主义战争中可以产生民主的和平，那在理论上就是用庸俗的空谈代替对在这场战争之前和在战争期间所推行的政治的历史分析，在实践上就是欲骗人民群众，模糊他们的政治意识，掩盖和粉饰统治阶级为未来的和平做准备的实际政治，向群众隐瞒一个主要的道理，即不经过一系列的革命，就不可能有民主的和平。②

　　列宁说，不能根据对持久的、民主的、体面的和诸如此类的和平所抱的"简单的"虔诚愿望来评价未来的和平③；真正为民主的和平而奋斗的，不是那些重复一般的、空洞的、不负责任的、善良的和平主义愿望的人，而是那些既揭穿战争的帝国主义性质，又揭穿战争所准备的帝国主义和平的帝国主义性质的人，是号召人民起来革命并反对各国罪恶的政府的人；如果各国的资产阶级政府不被革命所推翻，和平就只能是作为帝国主义战争的继续的帝国主义和平。④

　　列宁指出，争取和平的斗争如果不同无产阶级的革命阶级斗争联系起来，那不过是温情的或欺骗人民的资产者的和平主义空话；如果不开展革命的阶级斗争，任何想实现民主的（没有兼并、不使用暴力、不掠夺他国的）和平的愿望都是靠不住的，不应当让群众沉溺于不推翻帝国主义也可以实现和平的幻想之中；⑤ 我们的"和平纲领"应当说明帝国主义大国和帝国主义资产阶级不可能给予民主的和平；民主的和平必须去寻求和争取，但不是到资本主义制度之下的各平等民族的联合这种反动的空想里去寻求和争取，而是要到无产阶级社会主义革命中去寻求和争取；谁许诺各民族以"民主的"和

----

① 《列宁全集》第 27 卷，人民出版社 1990 年版，第 464 页。
② 《列宁全集》第 27 卷，人民出版社 1990 年版，第 297 页。
③ 《列宁全集》第 27 卷，人民出版社 1990 年版，第 464 页。
④ 《列宁全集》第 28 卷，人民出版社 1990 年版，第 233、240 页。
⑤ 《列宁全集》第 27 卷，人民出版社 1990 年版，第 38 页。

平，而不同时鼓吹社会主义革命，反而否定争取社会主义革命的斗争，否定在战争期间就要进行这种斗争，谁就是欺骗无产阶级。①

（三）战争的社会性质是可以转化的

马克思主义经典作家指出，战争的社会性质是可以转化的。列宁说："马克思主义辩证法的基本原理是：自然界和社会中的一切界限都是有条件的和可变动的，没有任何一种现象不能在一定条件下转化为自己的对立面。民族战争可能转化为帝国主义战争，反之亦然。例如，法国大革命的几次战争起初是民族战争，而且确实是这样的战争。这些战争是革命的：保卫伟大的革命，反对反革命君主国联盟。但是，当拿破仑建立了法兰西帝国，奴役欧洲许多早已形成的、大的、有生命力的民族国家的时候，法国的民族战争便成了帝国主义战争，而这种帝国主义战争又反过来引起了反对拿破仑帝国主义的民族解放战争。"②再如，1870—1871年的普法战争，从德国方面来说，在战胜拿破仑第三之前，是具有进步历史意义的，因为拿破仑第三和沙皇一起，多年来一直压迫德国，使德国一直处于封建割据状态。但是战争一转变为对法国的掠夺（兼并阿尔萨斯和洛林），马克思和恩格斯就坚决地谴责了德国人。③

列宁还指出，在1789—1871年间大多曾率领其他民族为争取自由而斗争的民族，在1876年以后，由于它们的资本主义的高度发展和"过度成熟"，已经变为全球大多数居民和民族的压迫者和奴役者；从1876年起到1914年止，英、俄、法、德、日、美6个"大"国抢占了2500万平方公里的土地，奴役着5亿以上的殖民地居民。这些殖民地是用火与剑抢夺来的，而此时的欧洲曾是一片和平景象。这种和平所以能够维持，是因为欧洲各民族对殖民地亿万居民的统治完全是靠连绵不断的战争来实现的，可欧洲人不认为这些

① 《列宁全集》第27卷，人民出版社1990年版，第288—289页。
② 《列宁全集》第28卷，人民出版社1990年版，第5页。
③ 《列宁全集》第26卷，人民出版社1988年版，第332页。

战争是战争，因为它们往往不像什么战争，而是对手无寸铁的民族实行最野蛮的摧残和屠杀；它们为了"和平地"统治殖民地而需要采用的那些镇压手段未必能称得上是和平的。①

列宁说："辩证法曾不止一次地被用作通向诡辩法的桥梁，在希腊哲学史上就有过这种情况。但是，我们始终是辩证论者，我们同诡辩论作斗争的办法，不是根本否认任何转化的可能性，而是在某一事物的环境和发展中对它进行具体分析"，"设想世界历史会一帆风顺、按部就班地向前发展，不会有时出现大幅度的跃退，那是不辩证的，不科学的，在理论上是不正确的。"②

斯大林在分析两次世界大战的性质时指出，资本主义世界经济体系第一次危机的结果引起了第一次世界大战，而第二次危机的结果就引起了第二次世界大战；这当然不是说，第二次世界大战完全同第一次世界大战一样。恰恰相反，第二次世界大战按其性质来说，是和第一次世界大战根本不同的，反轴心国的第二次世界大战一开始就带有反法西斯战争、解放战争的性质，它的一项任务，就是要恢复民主自由。苏联参加反轴心国的战争，只能加强——并且确实加强了——第二次世界大战的反法西斯的和解放的性质；在这个基础上就形成了苏美英以及其他爱好自由国家的反法西斯同盟，而这个同盟后来在粉碎轴心国武装力量方面起了决定的作用；第二次世界大战的起源和性质，就是这样。③

（四）历史上战争性质的类型

马克思主义经典作家认为，战争是五光十色、千变万化、错综复杂的现象，战争与战争不同，用泛泛的死公式硬套是不行的。在研究战争问题时，

---

① 参见《列宁全集》第 26 卷，人民出版社 1988 年版，第 326 页；《列宁全集》第 30 卷，人民出版社 1985 年版，第 79—80 页。

② 《列宁全集》第 28 卷，人民出版社 1990 年版，第 5—6 页。

③ 《斯大林文集》，人民出版社 1985 年版，第 473 页。

不区别战争的类型，在理论上是错误的，在实践上是有害的。①

列宁根据战争的社会性质，将历史上的各种战争分为：正义的战争和非正义的战争，进步的战争和反动的战争，先进阶级进行的战争和落后阶级进行的战争，巩固阶级压迫的战争和推翻阶级压迫的战争。② 他指出这些战争涉及四种关系：被压迫民族同压迫民族的关系；两个压迫民族之间的关系；阶级之间的关系；各平等民族的体系。具体而言，对上述关系可进一步阐释如下：

1. 被压迫民族同压迫民族的战争，即民族解放战争。这种战争从被压迫民族方面来说通常是合理的（不管从军事上说是防御战还是进攻战）。如欧洲从 1789 年起到 1871 年为止，发生了具有资产阶级进步性的、民族解放性质的战争。这些战争的基础是长期进行的大规模民族运动和反对专制制度、封建制度的斗争，其主要内容和历史意义在于推翻专制制度和封建制度，推翻民族压迫和建立民族国家，即创造发展资本主义的前提，因此这些战争是进步的战争。列宁指出，在 20 世纪这个"猖狂的帝国主义"世纪的历史进程中，充满了殖民地战争，往往是这些被压迫民族的民族战争或民族起义；帝国主义最基本的特性之一恰恰在于，它加速最落后的国家中的资本主义的发展，从而扩大和加剧反对民族压迫的斗争；由此必然得出结论：帝国主义势必经常产生民族战争；殖民地和半殖民地方面进行的民族战争是不可避免的，殖民地反对帝国主义的民族战争必然是它们的民族解放政治的继续。③

2. 两个压迫民族之间争赃和分赃的战争，这种战争从双方来说通常都是掠夺。历史上大多数战争是为了王朝的利益进行的，它满足王朝的利益、强

① 《列宁全集》第 26 卷，人民出版社 1988 年版，第 164 页；《列宁全集》第 47 卷，人民出版社 1990 年版，第 160 页。

② 《列宁全集》第 26 卷，人民出版社 1988 年版，第 164—165 页。

③ 参见《列宁全集》第 28 卷，人民出版社 1990 年版，第 86 页；《列宁全集》第 47 卷，人民出版社 1990 年版，第 522 页；《列宁全集》第 26 卷，人民出版社 1988 年版，第 323、164—165 页；《列宁全集》第 28 卷，人民出版社 1990 年版，第 6 页。

盗的贪欲，所以叫作王朝战争。①20 世纪初，发达的资本主义转化为帝国主义后，由于高度发达的、垄断的、已经成熟到可以向社会主义过渡的资本主义的矛盾引起的 1914—1918 年的战争，从双方来说，都是帝国主义的（即侵略的、掠夺的、强盗的）战争，都是为了瓜分世界，为了瓜分和重新瓜分殖民地、金融资本的"势力范围"等等而进行的战争。②

3. 由阶级斗争所产生的革命战争。在每一种阶级社会里，在奴隶制社会、农奴制社会和资本主义社会里，都有过作为压迫阶级政治的继续的战争，也有过作为被压迫阶级政治的继续的战争。③马克思主义者完全承认国内战争即被压迫阶级反对压迫阶级——奴隶反对奴隶主、农奴反对地主、雇佣工人反对资产阶级——的战争是合理的、进步的和必要的，因为进行这些战争是为了被压迫者的利益。斯巴达克掀起的战争就是为了保卫被奴役的阶级。在还存在殖民压迫的时代，在奴隶制时代和其他时代，都进行过这种战争，这种战争是正义的，是不能谴责的。④革命战争也是战争，也同样是艰难的、流血的、痛苦的事情，它一旦成为世界规模的革命，就必然引起同样的世界规模的反抗。⑤

（五）革命战争是历史上所有一切战争中唯一合理的、正当的、正义的、真正伟大的战争

马克思主义经典作家在战争问题上同资产阶级和平主义者和无政府主义者是有原则区别的，他们并不是笼统地否定战争，只是强调认为被压迫阶级

---

① 参见《列宁全集》第 35 卷，人民出版社 1985 年版，第 66 页；《列宁全集》第 47 卷，人民出版社 1990 年版，第 489、522 页；《列宁全集》第 10 卷，人民出版社 1987 年版，第 321 页。

② 参见《列宁全集》第 47 卷，人民出版社 1990 年版，第 489、522 页；《列宁全集》第 27 卷，人民出版社 1990 年版，第 402、325—326、464 页。

③ 《列宁全集》第 32 卷，人民出版社 1985 年版，第 356 页。

④ 参见《列宁全集》第 26 卷，人民出版社 1988 年版，第 322 页；《列宁全集》第 35 卷，人民出版社 1985 年版，第 66 页。

⑤ 《列宁全集》第 36 卷，人民出版社 1985 年版，第 325—326 页。

反对压迫阶级的战争是合理的、进步的和必要的。马克思主义者从来不是，而且永远不可能是革命战争的反对者。①列宁曾提出，我们不是和平主义者，我们不能放弃革命战争。革命战争和资本主义战争有什么区别呢？首先是要看从战争中得益的是哪个阶级，这个阶级在战争中执行的是什么政策，这里的区别就是指阶级的差别。②

列宁指出，历史上没有不同战争相联系的大革命，没有任何一个伟大的革命没有经过国内战争。③他说，被压迫者反对压迫者的战争，在历史上不仅总是随着伟大的革命而爆发，而且也随着某些不很重大的革命而爆发，从被压迫被剥削劳动群众的利益来看，这种战争是历史上所有一切战争中唯一合理的、正当的、正义的、真正伟大的战争；它不像任何其他战争那样，是为了维护一小撮统治者和剥削者的私利，它是为了人民群众反对暴君，是被压迫者反对压迫者的战争，是劳动者反对剥削者的战争，是争取社会主义胜利的战争；只有空想主义者和庸人才会从根本上谴责这种战争。④

(六) 战争与和平互相制约和交替

列宁指出，在历史上各民族之间，各社会之间，以及各民族、各社会内部的斗争，是革命和反动、和平和战争、停滞和迅速发展或衰落等不同时期的更迭。在资本主义现实中，不管形式如何，不管是一个帝国主义联盟去反对另一个帝国主义联盟，还是所有帝国主义大国结成一个总联盟，都不可避免地只会是两次战争之间的"喘息"，和平的联盟准备着战争，同时它又是

---

① 参见《列宁全集》第 26 卷，人民出版社 1988 年版，第 322 页；《列宁全集》第 36 卷，人民出版社 1985 年版，第 125 页；《列宁全集》第 28 卷，人民出版社 1990 年版，第 86 页。

② 《列宁全集》第 29 卷，人民出版社 1985 年版，第 350 页。

③ 参见《列宁全集》第 36 卷，人民出版社 1985 年版，第 126 页；《列宁全集》第 32 卷，人民出版社 1985 年版，第 312 页。

④ 参见《列宁全集》第 34 卷，人民出版社 1985 年版，第 412 页；《列宁全集》第 9 卷，人民出版社 1987 年版，第 193 页；《列宁全集》第 36 卷，人民出版社 1985 年版，第 377—378 页；《列宁全集》第 10 卷，人民出版社 1987 年版，第 321 页。

从战争中生长出来的，两者互相制约，在世界经济和世界政治的帝国主义联系和相互关系这个同一基础上，形成和平斗争形式与非和平斗争形式的彼此交替。①

二、战争与和平在历史上的作用

马克思主义经典作家认为，历史上战争与和平都是阶级斗争的不同形式，都是达到经济利益这个根本目的的手段。马克思说，在真正的历史上，征服、奴役、劫掠、杀戮，总之，暴力起着巨大的作用。②

马克思主义经典作家指出，战争作为一种暴力手段，和生活中的一切事物一样，在历史中有消极的和积极的两个方面。③一方面，一切为了实现帝王和资本家的掠夺、侵略野心而进行的战争，它屠杀千百万人的生命，破坏生产力，摧毁人类社会生存的条件和文明成就，给人类带来种种惨祸、暴行、灾难和痛苦，是一种极大的罪恶。④但另一方面，马克思、恩格斯反对杜林的"暴力是绝对的坏事"，"一切自然规律和社会规律"被暴力"这种恶魔力量"歪曲了的观点，指出暴力在历史中还起着另一种革命的作用。⑤列宁指出，进步的、革命的战争虽然像任何战争一样不可避免地带来极严重的破坏，但它帮助破坏特别有害和反动的制度而有利于人类发展。⑥

马克思主义经典作家指出，战争与和平在历史上起着六个方面的作用：

---

① 参见《列宁全集》第 26 卷，人民出版社 1988 年版，第 60 页；《列宁全集》第 27 卷，人民出版社 1990 年版，第 431 页。

② 《马克思恩格斯全集》第 23 卷，人民出版社 1972 年版，第 782 页。

③ 《斯大林全集》第 3 卷，人民出版社 1953 年版，第 14—15 页。

④ 参见《列宁全集》第 35 卷，人民出版社 1985 年版，第 72—73 页；《列宁全集》第 26 卷，人民出版社 1988 年版，第 171 页；《列宁全集》第 34 卷，人民出版社 1985 年版，第 368—369 页；《列宁全集》第 34 卷，人民出版社 1985 年版，第 412—413 页；《斯大林选集》（下卷），人民出版社 1979 年版，第 236 页。

⑤ 《马克思恩格斯选集》第 3 卷，人民出版社 1995 年版，第 527 页。

⑥ 《列宁全集》第 26 卷，人民出版社 1988 年版，第 322 页。

（一）战争是社会运动借以为自己开辟道路并摧毁僵化的垂死的政治形式的工具

马克思、恩格斯认为，暴力是每一个孕育着新社会的旧社会的助产婆，它是社会运动借以为自己开辟道路并摧毁僵化的垂死的政治形式的工具；对进行征服的蛮族来说，战争本身还是一种通常的交往形式，在传统的、对该民族来说唯一可能的粗陋生产方式下，人口的增长越来越需要新的生产资料，因而这种交往形式越来越被加紧利用。①

马克思指出，所有的征服有三种可能：征服民族把自己的生产方式强加于被征服的民族（例如，19世纪英国人在爱尔兰所做的，部分地在印度所做的）；或者是征服民族让旧生产方式维持下去，自己满足于征收贡赋（如土耳其人和罗马人）；或者是发生一种相互作用，产生一种新的、综合的生产方式（日耳曼人的征服中一部分就是这样）。在所有的情况下，生产方式，不论是征服民族的，被征服民族的，还是两者混合形成的，总是决定新出现的分配。②

马克思在《资本论》中揭露了资本原始积累的暴力性，他曾指出，原始积累的不同因素，多少是按时间顺序特别分配在西班牙、葡萄牙、荷兰、法国和英国。在英国，这些因素在17世纪末系统地综合为殖民制度、国债制度、现代税收制度和保护关税制度。这些方法一部分是以最残酷的暴力为基础，例如殖民制度就是这样。但所有这些方法都利用国家权力，也就是利用集中的有组织的社会暴力，来大力促进从封建生产方式向资本主义生产方式的转变过程，缩短过渡时间。暴力是每一个孕育着新社会的旧社会的助产婆。暴力本身就是一种经济力。③

① 参见《马克思恩格斯选集》第3卷，人民出版社1995年版，第527页；《马克思恩格斯选集》第1卷，人民出版社1995年版，第125页。

② 《马克思恩格斯全集》第12卷，人民出版社1962年版，第747—748页。

③ 《马克思恩格斯全集》第23卷，人民出版社1972年版，第782、819页。

恩格斯 1894 年在致劳拉·拉法格的一封信中指出：甲午战争中在陆地和海上打了败仗的中国人将被迫欧化，全部开放它的港口通商，建筑铁路和工厂，从而把那种可以养活这亿万人口的旧体系完全摧毁。[①]

（二）战争与和平是剥削阶级实行阶级压迫、民族压迫和掠夺、瓜分、兼并的工具

马克思主义经典作家指出，历史上一些阶级是通过战争形成的，战争使俘虏变成奴隶，扈从成为贵族。原始社会后期，由于劳动生产率的提高，从而使财富增加和生产领域扩大，吸收新的劳动力成为人们向往的事情；战争提供了新的劳动力：俘虏变成了奴隶，必然地带来了奴隶制；从第一次社会大分工中产生的第一次社会大分裂，形成了主人和奴隶、剥削者和被剥削者两个阶级。[②]

恩格斯在《论日耳曼人的古代历史》中指出，除开家畜以外，奴隶是日耳曼人为了和罗马取得贸易平衡而能够大量从日耳曼尼亚输出的唯一商品。"全部罗马大土地占有经济都靠大规模输入贩卖的战俘来维持，这些战俘是在日趋没落的共和国时代以及奥古斯都时代不断的侵略战争中流入意大利的。现在这种现象已经结束。帝国已在固定的国境线上转向防御。从中可以征集大量奴隶的战败的敌人，在罗马部队中越来越少。必须向野蛮人购买奴隶。

"日耳曼人早就在出卖奴隶了（'日耳曼尼亚志'第 24 章），他们彼此之间经常发生战争，他们也像弗里西安人那样，在金钱不足时就拿自己的妻子和儿女作为奴隶向罗马人交纳贡赋，他们在三世纪的时候，甚至更早就已经在波罗的海上航行，并且他们在北海上所进行的远征，从三世纪萨克森人的航行开始到十世纪诺曼人的航行为止，除开进行其他的海盗活动以外，其最

---

① 《马克思恩格斯全集》第 39 卷，人民出版社 1974 年版，第 285—286 页。

② 《马克思恩格斯选集》第 4 卷，人民出版社 1995 年版，第 161 页。

直接的目的主要是猎取奴隶，而且猎取奴隶差不多专门是为了贩卖。就是这些日耳曼人，在几世纪之后，不论在民族大迁徙时期或者在他们对斯拉夫人作战时期，不都是当时第一流的奴隶掠夺者和奴隶贩卖者吗?"他们"大规模地参加了向意大利贩卖奴隶的贸易，而这种奴隶贸易，当时被认为是体面的事业，甚至是光荣的事业"①。

王权通过战争进行兼并、统治和掠夺土地与财产。公元476年西罗马帝国灭亡，标志着中世纪的开始，也是西欧由奴隶制向封建制过渡的开始。在西罗马帝国废墟上建立的法兰克帝国，逐渐形成一个大土地占有主统治阶级，他们的政治统治形式是一种贵族制度;在这一阶级产生和形成的过程中，起作用的主要是政治手段、暴力和欺诈;王权通过侵略战争把旧日的民田和罗马的国有土地变成王室林地;在分割帝国引起的多次内战期间，由于大量没收所谓造反者的土地，王室林地不断增加;法兰克的国王们，作为民族的代表，把属于全体人民的辽阔土地、森林占为己有，并把它们当作礼物，慷慨地赠送给他们的廷臣、将军、主教和修道院院长，这就构成了后世贵族和教会的大地产的基础;馈送的土地成为自由的、世袭的、可以出让的财产;在接连不断的内战、抢劫、没收的年月里，教会具有豁免权，免遭暴力的侵犯，教会财产得到保护，因此许多小百姓们为了求得安全而把土地转让给教会，在缴纳相当数量的租金情况下能够保留土地使用权;但是，这一切对虔敬的教士来说还是不够的，他们利用万劫不复的地狱刑罚作威胁，采用捐献、勒索、欺骗、诈骗、假造证据以及其他带有刑事犯罪性质的勾当，合法地勒索到愈来愈多的捐献;巧取豪夺来的教会地产，在短短几世纪间竟然达到了极其庞大的数目;在7世纪末，高卢教会的全部土地不是少于而是多于土地总面积的三分之一，在中世纪几乎整个天主教西欧都保持着这样的比例;连绵不断的国内外战争和豪族巨室之间的私斗，使大批农民倾家荡产，豪族和教堂把愈来愈多的农民和农民土地，置于自己权力控制之下，农

① 《马克思恩格斯全集》第19卷，人民出版社1963年版，第513—514页。

民的土地变成了地主的土地，农民从自由的土地占有者变成缴纳代役租、提供徭役的依附农民甚至农奴，一个无地的佃农和不自由的隶农，农奴阶级也由此形成，人民分裂为大土地占有主、臣仆和农奴。[①]

资本通过战争进行积累、扩张兼并，开辟新的市场，建立殖民地，实行民族压迫，瓜分世界。资本主义社会的经济结构是从封建社会的经济结构中产生的，马克思考察了资本主义原始积累的历史，指出"原始积累的方法决不是田园诗式的东西"，它是以最残酷的暴力为基础的血淋淋过程。[②] 马克思在《资本论》中指出：荷兰是 17 世纪标准的资本主义国家，它经营殖民地的历史，"展示出一幅背信弃义、贿赂、残杀和卑鄙行为的绝妙图画"。最有代表性的是，荷兰人为了使爪哇岛得到奴隶而在苏拉威西岛实行盗人制度，为此目的训练了一批盗人的贼。盗来的青年在长大成人可以装上奴隶船以前，被关在苏拉威西的秘密监狱中。一份官方报告说："例如，孟加锡这个城市到处都是秘密监狱，一座比一座恐怖，里面挤满了不幸的人，贪欲和暴政的牺牲者，他们戴着镣铐，被迫和家人分离。"荷兰人为了霸占马六甲，他们走到哪里，那里就变得一片荒芜，人烟稀少；爪哇的班纽万吉省在 1750 年有 8 万多居民，而到 1811 年只有 8000 人了，这就是温和的商业！在像西印度那样专营出口贸易的种植殖民地，以及在像墨西哥和东印度那样任人宰割的资源丰富人口稠密的国家里，土著居民所受的待遇当然是最可怕的；新英格兰的清教徒，1703 年在他们的立法会议上决定，每剥一张印第安人的头盖皮和每俘获一个红种人都给赏金 40 镑；1720 年，每张头盖皮的赏金提高到 100 镑；1744 年马萨诸塞湾的一个部落被宣布为叛匪以后，规定了这样的赏格：每剥一个 12 岁以上男子的头盖皮得新币 100 镑，每俘获一个男子得 105 镑，每俘获一个妇女或儿童得 50 镑，每剥一个妇女或儿童的头盖皮得 50 镑！英国议会曾宣布，杀戮和剥头盖皮是"上帝和自然赋予它的

---

① 《马克思恩格斯全集》第 19 卷，人民出版社 1963 年版，第 362、543—547、563 页。
② 《马克思恩格斯全集》第 23 卷，人民出版社 1972 年版，第 782 页。

手段"①。

马克思指出，殖民制度大大地促进了贸易和航运的发展，殖民地为迅速产生的工场手工业保证了销售市场，保证了通过对市场的垄断而加速的积累；在欧洲以外直接靠掠夺、奴役和杀人越货而夺得的财宝，源源不断流入宗主国，在这里转化为资本。第一个充分发展了殖民制度的荷兰，在1648年就已达到了它的商业繁荣的顶点，它"几乎独占了东印度的贸易及欧洲西南部和东北部之间的商业往来。它的渔业、海运业和工场手工业，都胜过任何别的国家。这个共和国的资本也许比欧洲所有其他国家的资本总和还要多"；所以殖民制度在当时起着决定性的作用，殖民制度宣布，赚钱是人类最终的和唯一的目的。②

马克思指出，在资本主义要素不断增加的情况下，使小生产"这种生产方式必然要被消灭，而且已经在消灭。它的消灭，使个人的分散的生产资料转化为社会的积聚的生产资料，从而多数人的小财产转化为少数人的大财产，广大人民群众被剥夺土地、生活资料、劳动工具，——人民群众遭受的这种可怕的残酷的剥夺，形成资本的前史。这种剥夺包含一系列的暴力方法，其中我们只考察了那些具有划时代意义的资本原始积累的方法。对直接生产者的剥夺，是用最残酷无情的野蛮手段，在最下流、最龌龊、最卑鄙和最可恶的贪欲的驱使下完成的。靠自己劳动挣得的私有制，即以各个独立劳动者与其劳动条件相结合为基础的私有制，被资本主义私有制，即以剥削他人的但形式上是自由的劳动为基础的私有制所排挤"。掠夺教会地产，欺骗性地出让国有土地，盗窃公有地，用剥夺方法、用残暴的恐怖手段把封建财产等变为现代私有财产——这就是原始积累的各种田园诗式的方法；这些方法为资本主义农业夺得了地盘，使土地与资本合并，为城市工业造成了不受法律保护的无产阶级的必要供给；由封建农业社会到工业社会的转变，以及

① 《马克思恩格斯全集》第23卷，人民出版社1972年版，第820—822页。
② 《马克思恩格斯全集》第23卷，人民出版社1972年版，第822页。

各国在世界市场上进行的与此相应的工业战争，都取决于资本的加速发展，这种发展并不是沿着所谓自然的道路而是靠强制的手段来达到的。①

1840 年的鸦片战争，为英国商业打开了中国的门户；新开辟的市场，给予当时已经存在的、蓬勃发展的，特别是棉纺织业的发展以新的推动，在其后的两年中，外国对英国工业品的需求增加得更多，1845—1846 年是英国高度繁荣的时期。②

20 世纪初世界进入帝国主义时代，列宁指出，在经济政治条件极不相同、各国发展速度等等极不一致、各帝国主义国家间存在着疯狂斗争的实际情形下，帝国主义国家和金融资本对世界的瓜分和重新瓜分，是由和平瓜分转为非和平瓜分、再由非和平瓜分转为和平瓜分，按照新的实力对比来重新瓜分世界的。③斯大林也指出，与以前不同，帝国主义对别国进行干涉绝不限于军队入境，已带有比较圆滑的性质和比较隐蔽的形式，偏重于采取在附属国组织国内战争，资助反革命势力反对革命，在精神上和财政上支持走狗的办法。假他人之手进行干涉，这是 20 世纪以来帝国主义干涉的根本特点。④

(三)"和平"的统治是依靠暴力手段实现的

马克思主义经典作家认为，在阶级社会里，压迫阶级总是武装起来的，所谓"和平"的统治是依靠暴力手段实现的。第一次世界大战前欧洲曾是一片和平景象，列宁指出，这种和平所以能够维持是因为欧洲各民族对殖民地亿万居民的统治完全是靠连绵不断的战争来实现的；这些国家的统治阶级在战前的统治，是用所谓的"和平"手段来保证达到自己的目的；之所以说是

---

① 参见《马克思恩格斯全集》第 23 卷，人民出版社 1972 年版，第 830—831、801 页；《马克思恩格斯全集》第 25 卷，人民出版社 1974 年版，第 884 页。

② 《马克思恩格斯全集》第 25 卷，人民出版社 1974 年版，第 458 页。

③ 《列宁全集》第 27 卷，人民出版社 1990 年版，第 408 页。

④ 《斯大林选集》（上卷），人民出版社 1979 年版，第 485—486 页。

所谓的，那是因为它为了"和平地"统治殖民地而采用的那些镇压手段未必能称得上是和平的，而是对手无寸铁的民族实行最野蛮的摧残和屠杀。① 列宁说："在任何一个阶级社会里，不管它建立在奴隶制、农奴制或现在的雇佣奴隶制之上，压迫阶级总是武装起来的。不仅现在的常备军，而且现在的民兵，连瑞士的民兵也不例外，都是资产阶级反对无产阶级的武装。我认为，这个基本的道理用不着加以说明。只要指出一切资本主义国家发生罢工时都出动军队就够了。武装资产阶级以反对无产阶级，这是现代资本主义社会的一个最重大、最基本和最重要的事实。"②

（四）历史上战争是获得某种性质和平的手段，和平是战争的间歇和准备新的战争的工具

马克思主义经典作家指出，历史上战争是获得某种更好一点或者更坏一点和平的手段，和平是战争的间歇和准备新的战争的工具。

列宁指出，在任何战争中，交战者双方在势均力敌的时候，总要停顿一段时间，养精蓄锐，吸取已有的经验进行准备，然后投入新的战斗。任何大的国内战争过去是这样，将来也会是这样。在各个战争时代，和约起到获得喘息时机和聚集力量来准备新的战斗的作用，这在历史上并不罕见。③

1870—1871 年，普鲁士在普法战争中获胜，与法国签署了《法兰克福和约》④。由于德国政府吞并了阿尔萨斯和洛林，使和平仅仅变成在法国未强大到要求收复失地时的暂时停战。兼并的结果使法国成为俄国反对德国的同盟者，而沙皇对君士坦丁堡的威胁把奥地利甚至意大利，变成德国的同

---

① 《列宁全集》第 30 卷，人民出版社 1985 年版，第 80、79 页。

② 《列宁全集》第 28 卷，人民出版社 1990 年版，第 90 页。

③ 参见《列宁全集》第 13 卷，人民出版社 1987 年版，第 71 页；《列宁全集》第 34 卷，人民出版社 1985 年版，第 76、20 页。

④ 由于法国在 1870—1871 年的普法战争中失败，根据 1871 年 2 月 26 日在凡尔赛缔结的初步和约，法国将阿尔萨斯和洛林东部割让给 1871 年 1 月 18 日宣布成立的德意志帝国。1871 年 5 月 10 日在美因河畔法兰克福签订的和约最后确认了这个条约的条款。

盟者。德国只能经过短暂的喘息之后重新开始准备进行另一次战争，即反对斯拉夫种族和罗曼语种族联合势力的战争。① 由此欧洲分裂为两大军事阵营，法国和德国开始了狂热的军备竞赛，整个欧洲以空前未有的规模进行武装，每一个大国都力求在军事威力和战争准备方面超过另一个大国，德国、法国、俄国在竭尽全力要彼此超过。② 列宁说，1872—1904 年是欧洲的"和平"时期，而这一时期欧洲各国的经济斗争空前尖锐化，政治危机也在迅速成熟，疯狂的扩充军备和帝国主义政策，使得欧洲的"社会和平"活像一桶火药。③ 两个阵营都在准备决战，准备一场世界上从未见过的战争。④

　　早在 1887 年恩格斯就预见到，"对于普鲁士德意志来说，现在除了世界战争以外已经不可能有任何别的战争了。这会是一场具有空前规模和空前剧烈的世界战争。那时会有 800 万到 1000 万的士兵彼此残杀，同时把整个欧洲都吃得干干净净，比任何时候的蝗虫群还要吃得厉害。三十年战争所造成的大破坏集中在三四年里重演出来并遍及整个大陆；到处是饥荒、瘟疫，军队和人民群众因极端困苦而普遍野蛮化；我们在商业、工业和信贷方面的人造机构陷于无法收拾的混乱状态，其结局是普遍的破产；旧的国家及其世代相因的治国才略一齐崩溃，以致王冠成打地滚在街上而无人拾取"；"如果已达顶点的军备竞赛制度终于产生它的不可避免的结果，前景就是这样。国王和国家要人老爷们，这就是你们的才略把旧欧洲所弄到的地步。如果你们再也没有别的办法，只能开始跳一场最后的大战舞"⑤。27 年后，爆发了人类历史上的第一次世界大战，这证实了恩格斯的预言。恩格斯说，如果战争发生，那时毋庸置疑的只有一点：这场有 1500 万到 2000 万武装人员互相残杀，并且会使欧洲遭到前所未有之浩劫的战争，必定要或者是导致社会主义的迅

　　① 参见《马克思恩格斯全集》第 17 卷，人民出版社 1963 年版，第 282 页；《马克思恩格斯全集》第 22 卷，人民出版社 1965 年版，第 437、293—294 页。

　　② 《马克思恩格斯全集》第 22 卷，人民出版社 1965 年版，第 53、437—438 页。

　　③ 《列宁全集》第 23 卷，人民出版社 1990 年版，第 4 页。

　　④ 《马克思恩格斯全集》第 22 卷，人民出版社 1965 年版，第 53 页。

　　⑤ 《马克思恩格斯全集》第 21 卷，人民出版社 1965 年版，第 401—402 页。

速胜利，或者是如此强烈地震撼旧的秩序，并留下大片的废墟。①

第一次世界大战使世界政治版图发生了重大变化，俄罗斯帝国、德意志帝国、奥匈帝国和奥斯曼土耳其帝国崩溃瓦解，诞生了一系列民族独立国家。俄国爆发了十月革命，建立起第一个社会主义国家，首次冲破了资本主义世界体系，开启了世界革命的新时代。

1928 年，斯大林针对当时的国际形势指出，许多人认为有了帝国主义的和平主义，那就不会发生战争了，这是根本不对的；恰恰相反，帝国主义的和平主义是准备战争的工具，是用虚伪的和平词句来掩盖备战的工具；没有这种和平主义及其工具国际联盟，在目前情况下要准备战争是不可能的；正因为帝国主义的和平主义及其国际联盟甚嚣尘上，所以一定会发生新的帝国主义战争和干涉。②列宁一贯认为，除非无产阶级革命推翻各交战大国现在的政府和现在的统治阶级，绝对不可能有任何其他的和平，而只能是帝国主义大国之间或长或短的休战，只能是加强各国国内的反动势力、加强民族压迫和对弱小民族的奴役、为准备新战争增添燃料等等的和平。③

（五）一些战争孕育着新的战争

马克思主义经典作家认为，一些战争孕育着新的战争，对别的民族掠夺的战争，会经过喘息之后成为新的战争的原因，这是把战争变成经常性事务的最可靠的办法，这种战争只不过是将来战争的序幕。

马克思认为，把军事上的考虑当成决定国界的原则，岂不完全是一件蠢事和时代错误吗？如果国界按军事利益来决定，那么这种要求就会没完没了，因为任何一条战线都必然有其缺点，都可能用再兼并一些邻近地区的办法加以改善，并且这种国界永远也无法最终地和公允地划定，因为每一次总是战胜者强迫战败者接受自己的条件，从而播下新战争的种子。全部历史的

---

① 《马克思恩格斯全集》第 21 卷，人民出版社 1965 年版，第 298 页。
② 《斯大林全集》第 11 卷，人民出版社 1955 年版，第 174 页。
③ 《列宁全集》第 27 卷，人民出版社 1990 年版，第 464 页。

教训就是这样；用这种强力手段来压服一个具有生命力的民族，其结果将和预期的目的刚刚相反。① 1870 年在普法战争正在进行时，马克思和恩格斯就指出，正如 1866 年的普奥战争孕育着 1870 年的这场战争一样，1870 年的战争也必然不可避免地孕育着德国和俄国之间的下一场战争，失去阿尔萨斯和洛林的法国，就会联合俄国共同对德国作战。②

（六）帝国主义战争引起革命

马克思主义经典作家指出，自原始公社解体以来，历史的真正动力是阶级之间的革命斗争，革命是历史的火车头，而战争和国内阶级斗争之间有必然的联系。③ 剥削阶级、压迫者进行的战争同任何危机一样，使潜伏于深处的矛盾尖锐化和表面化，它扯掉一切虚伪的外衣，抛弃一切俗套，破坏一切腐朽的或者说已经完全腐败了的权威，这就是产生强烈的革命风潮的根源，这就是一切危机的有益的和进步的作用。④ 革命潜伏在战争中，并从战争中发展起来。⑤

1. 帝国主义战争使一切资本主义矛盾空前尖锐化，不能不激起革命情绪，引起革命运动

马克思谈到 1859 年法国与奥地利的战争时说，对外战争，单就转移视线这一点来说，也许就会受到政府的欢迎，它在各方面起初都将起反革命的作用，但是战争自然会引起严重的后果，而且最后肯定会引起革命的后

---

① 参见《马克思恩格斯选集》第 3 卷，人民出版社 1995 年版，第 25 页；《马克思恩格斯全集》第 17 卷，人民出版社 1963 年版，第 282 页。

② 《马克思恩格斯全集》第 17 卷，人民出版社 1963 年版，第 283 页。

③ 参见《列宁全集》第 13 卷，人民出版社 1987 年版，第 263 页；《列宁全集》第 26 卷，人民出版社 1988 年版，第 322 页；《马克思恩格斯全集》第 7 卷，人民出版社 1959 年版，第 99 页。

④ 参见《列宁全集》第 26 卷，人民出版社 1988 年版，第 105 页；《列宁全集》第 39 卷，人民出版社 1986 年版，第 213 页。

⑤ 《列宁全集》第 28 卷，人民出版社 1990 年版，第 13 页。

果。① 列宁在谈到日俄战争时说:"旅顺口的投降是沙皇制度投降的前奏。战争还远未结束,但是它每延续一步都将大大加剧俄国人民的不满和愤慨,都将促使新的伟大的战争,人民反对专制制度的战争,无产阶级争取自由的战争的时刻早日到来。"②

列宁指出,1914—1918 年的帝国主义战争帮助了革命,资产阶级从殖民地、落后国家以及那些最偏僻的地方征兵来参加这场帝国主义战争,把附属国的人民卷进了世界历史;战争震动了群众,它使人民群众陷于水深火热之中,以空前未有的惨祸和苦难唤醒了他们,这就不能不激起革命情绪,引起革命运动。③ 列宁认为,在资本主义发展的"正常"条件下,要达到这一步将是一个漫长的极其困难的过程,但是战争和经济破坏会大大加速这一过程;战争产生革命,战争愈是拖延下去,各交战国就愈是没有出路,战争就愈是迅速地使它们接近革命;战争推动了历史,帝国主义战争客观上必然要异常加速和空前加剧无产阶级反对资产阶级的阶级斗争,必然要转变为各敌对阶级间的国内战争,资本主义现在已经发展到可以实现社会主义的程度了。④

列宁说,从第一次帝国主义大战中不可避免地、自然而然地产生了两个条件和两种基本情况:一方面是群众的贫困、破产空前加重,这首先是指包括当时 12 亿 5000 万人口,即占当时全世界人口 70% 的地区,这是一些居民在法律上毫无权利的殖民地附属国,是被"委任"给金融强盗们统治的国家。此外,《凡尔赛条约》把战败国受奴役的地位固定下来了。另一方面,在每一个债权国里,工人的处境也到了不堪忍受的地步,战争使一切资本主义的矛盾空前尖锐化了,这就是产生强烈的革命风潮的根源,不但殖民地、战败

① 《马克思恩格斯全集》第 29 卷,人民出版社 1972 年版,第 557、558 页。

② 《列宁全集》第 9 卷,人民出版社 1987 年版,第 141 页。

③ 参见《列宁全集》第 39 卷,人民出版社 1986 年版,第 221 页;《列宁全集》第 26 卷,人民出版社 1988 年版,第 165—166 页;《列宁全集》第 34 卷,人民出版社 1985 年版,第 76 页。

④ 参见《列宁全集》第 32 卷,人民出版社 1985 年版,第 11 页;《列宁全集》第 39 卷,人民出版社 1986 年版,第 221、222 页;《列宁全集》第 34 卷,人民出版社 1985 年版,第 76、496 页;《列宁全集》第 29 卷,人民出版社 1985 年版,第 12 页。

国陷于附属地位，就是在每个战胜国里，矛盾也尖锐化了，全世界的资产阶级制度正在经历巨大的革命危机，世界革命的条件正在成熟；所有导致革命的资本主义基本矛盾、帝国主义基本矛盾，所有引起了对第二国际作极其激烈斗争的工人运动中的基本矛盾，都是同世界人口的这种划分联系着的。①

1934 年，斯大林针对一些帝国主义国家企图把战争作为摆脱世界经济危机的出路指出，恰恰相反，战争必然会使情况更加混乱；而且战争一定会引起革命，并使一些国家的资本主义的存在本身发生问题，就像第一次帝国主义战争进程中所发生的情形那样，他们所得到的却是资本主义在俄国被粉碎，无产阶级革命在俄国取得胜利；没有什么可以保证第二次帝国主义战争会使他们得到比第一次帝国主义战争"更好的"结果。②

2. 变帝国主义战争为国内战争是唯一正确的无产阶级口号

列宁在分析高度发达的资产阶级国家之间的帝国主义战争的各种条件后得出，变帝国主义战争为国内战争，是唯一正确的无产阶级口号，这种转变正是这种战争灾难的所有客观条件所产生的必然结果。③

列宁认为，帝国主义战争虽然是民族间的战争，但不能顺应"民众的"沙文主义潮流；因为使各民族分裂的那些阶级矛盾在战争中，在战争的条件下还继续存在并将表现出来；战争无疑造成了最尖锐的危机，空前加剧了群众的灾难，使人民群众陷于水深火热之中，这就不能不激起革命情绪，引起革命运动，而变帝国主义战争为国内战争的口号就是要把这种情绪和运动集中起来并加以引导；无产阶级政党的责任，就是帮助人们充分意识到这种情绪，加深和发展这种情绪；战时任何彻底的阶级斗争，任何认真执行的"群众行动"的策略，都必然引向这一步；人们无法知道，触发一场强大的革命运动的将是列强之间的第一帝国主义战争，还是第二次帝国主义战争，它将

---

① 《列宁全集》第 39 卷，人民出版社 1986 年版，第 207—208、213—214 页。

② 《斯大林全集》第 13 卷，人民出版社 1956 年版，第 261 页。

③ 《列宁全集》第 26 卷，人民出版社 1988 年版，第 18—19、23 页。

发生在战争期间，还是发生在战后，但是不管怎样，人们义不容辞的责任，就是要朝着这个方向去一贯地和不屈不挠地进行工作。①

列宁指出，在各国资产阶级发生帝国主义武装冲突的时代，变民族间的战争为国内战争是唯一的社会主义的工作。如果没有一连串胜利的革命，这场战争过去之后，很快又会有其他的战争接踵而来。要摆脱帝国主义战争，除了革命，除了内战，除了将各资本家之间为了利润、为了分赃、为了扼杀弱小国家而进行的战争变成被压迫者反对压迫者的战争，别无出路；没有革命战争，便不能摆脱帝国主义的奴役。②

列宁还指出，变帝国主义战争为国内战争，这种转变也是无法"制造"的，它是从帝国主义战争的一系列各种各样的现象、方面、特征、属性和后果中发展起来的；而受他们本国的被压迫阶级打击的那些政府不在军事上接二连三地遭到挫折和失败，这种发展是不可能的。③

3.国内战争是阶级斗争最尖锐的形式

从马克思主义观点来看，革命就是用暴力打碎陈旧的政治上层建筑，即打碎那种由于同新的生产关系发生矛盾而到一定的时候就要瓦解的上层建筑，而同有产阶级斗争是所有革命中最残酷的斗争。④恩格斯说："革命无疑是天下最权威的东西。革命就是一部分人用枪杆、刺刀、大炮，即用非常权威的手段强迫另一部分人接受自己的意志。获得胜利的政党如果不愿意失去自己努力争得的成果，就必须凭借它的武器对反动派造成的恐惧，来维持自己的统治。"⑤

---

① 《列宁全集》第 26 卷，人民出版社 1988 年版，第 44—45、336、165—166、337 页。

② 《列宁全集》第 26 卷，人民出版社 1988 年版，第 45 页；《列宁全集》第 34 卷，人民出版社 1985 年版，第 412 页。

③ 《列宁全集》第 26 卷，人民出版社 1988 年版，第 300 页。

④ 参见《列宁全集》第 11 卷，人民出版社 1987 年版，第 111 页；《列宁全集》第 36 卷，人民出版社 1985 年版，第 353 页。

⑤ 《马克思恩格斯全集》第 18 卷，人民出版社 1964 年版，第 344 页。

马克思主义经典作家指出，世界上还没有一个不经过斗争就自动下台的统治阶级，没有一个阶级曾经自愿让路给另一个阶级，已经衰亡的阶级不会自愿地退出历史舞台，世界历史上没有这种先例。[①] 一种社会制度被另一种社会制度所代替的过程，并不简单地是自发的与和平的过程，而是复杂的、长期的和暴力的过程，是与阶级冲突相联系的过程，是痛苦的残酷的斗争，是你死我活的斗争。资本主义已经腐朽了，但是不能把它简单地跟一棵已经十分腐朽、自己一定会倒在地上的树相比。[②]

列宁指出，国内战争是阶级斗争最尖锐的形式；一系列经济的和政治的冲突和搏斗经过不断的重复、积累、扩大和激化，最后就变成一个阶级拿起武器反对另一个阶级的斗争；在任何阶级社会里，国内战争都是阶级斗争的自然的——在一定的情况下则是必然的——继续、发展和尖锐化，所有的大革命都证实了这一点；迄今为止，一切革命、一切最伟大的革命的成败都是由一系列的战争来决定的；历史上还没有一次不经过内战的大革命，也没有一个严肃的马克思主义者会认为从资本主义向社会主义的过渡可以不经过内战[③]；但是，革命在不同的国家里是按照不同的方式发展的，革命的发展总是长期的，艰苦的，社会主义只有同资本主义作斗争才能发展。[④]

4. 不是任何革命形势都会引起革命的

马克思主义经典作家指出，革命不能制造，不是预定好在某个时刻发生的，不能呼之即来，也不能规定顺序，革命是在历史发展过程中逐渐成熟起

---

① 参见《列宁全集》第35卷，人民出版社1985年版，第371页；《斯大林文集》，人民出版社1985年版，第20、21页。

② 《斯大林文集》，人民出版社1985年版，第19页。

③ 参见《列宁全集》第32卷，人民出版社1985年版，第167页；《列宁全集》第28卷，人民出版社1990年版，第88页；《列宁全集》第40卷，人民出版社1986年版，第142页；《列宁全集》第34卷，人民出版社1985年版，第443页。

④ 《列宁全集》第35卷，人民出版社1985年版，第370、371页。

来，并在由一系列错综复杂的内部和外部原因所决定的时刻爆发的。① 在马克思主义看来，没有革命形势，不可能发生革命，但并不是任何革命形势都会引起革命。②

列宁说："一般说来，革命形势的特征是什么呢？如果我们举出下面三个主要特征，大概是不会错的：（1）统治阶级已经不可能照旧不变地维持自己的统治；'上层'的这种或那种危机，统治阶级在政治上的危机，给被压迫阶级不满和愤慨的迸发造成突破口。要使革命到来，单是'下层不愿'照旧生活下去通常是不够的，还需要'上层不能'照旧生活下去。（2）被压迫阶级的贫困和苦难超乎寻常地加剧。（3）由于上述原因，群众积极性大大提高，这些群众在'和平'时期忍气吞声地受人掠夺，而在风暴时期，无论整个危机的环境，还是'上层'本身，都促使他们投身于独立的历史性行动。

"没有这些不仅不以各个集团和政党的意志、而且也不以各个阶级的意志为转移的客观变化，革命通常是不可能的。这些客观变化的总和就叫作革命形势。……因为不是任何革命形势都会产生革命，只有在上述客观变化再加上主观变化的形势下才会产生革命，即必须再加上革命阶级能够发动足以摧毁（或打垮）旧政府的强大的革命群众行动，因为这种旧政府，如果不去'推'它，即使在危机时代也决不会'倒'的。这就是马克思主义对革命的观点。"③ 列宁认为这是一切革命所证实了的一条革命基本规律。

三、战争与和平都是阶级斗争的不同方式，都是达到经济利益这个根本目的的手段

马克思主义经典作家认为，阶级之间的斗争，暴力仅仅是手段，暴力并

---

① 参见《列宁全集》第29卷，人民出版社1985年版，第392页；《列宁全集》第34卷，人民出版社1985年版，第429、500页。
② 《列宁全集》第26卷，人民出版社1988年版，第230—231页。
③ 《列宁全集》第26卷，人民出版社1988年版，第230—231页。

不是万能的，在有些条件下暴力不能产生任何效果，阶级斗争在一定的条件下只能通过和平的手段进行；相反，经济利益是目的，目的比用来达到目的的手段要具有大得多的"基础性"。①

恩格斯指出，阶级之间的战争的进行，并不取决于是否采取真正的军事行动，它并不是永远都需要用街垒和刺刀来进行的；在一些情况下，这些阶级之间的斗争只能通过和平的和合法的方式进行（至少暂时是如此），即通过竞争、工会组织以及其他各种和平斗争的手段进行，在英国一百年来各个阶级就是利用这些手段互相对抗的。②

列宁指出，所有一切压迫阶级，为了维持自己的统治，都需要两种社会职能：一种是刽子手的职能，另一种是牧师的职能；刽子手的任务是镇压被压迫者的反抗和暴乱；牧师的使命是安慰被压迫者，给他们描绘一幅在保存阶级统治的条件下减少苦难和牺牲的前景，从而使他们顺从这种统治，使他们放弃革命行动，打消他们的革命热情，破坏他们的革命决心。③

列宁说："世界各国的资产阶级都必然要规定出两种管理方式，两种保护自己利益和捍卫自己统治的斗争方法，并且这两种方法时而交替使用，时而以不同的方式结合在一起。第一种方法就是暴力的方法，拒绝对工人运动作任何让步的方法，维护一切陈旧腐败制度的方法，毫不妥协地反对改良的方法。……第二种方法就是'自由主义的'方法，即采取扩大政治权利、实行改良、让步等等措施的方法。""资产阶级从一种方法转而采用另一种方法，并不是由于个别人用心险恶的算计，也不是由于什么偶然的原因，而是由于它本身地位的根本矛盾性。正常的资本主义社会要顺利发展下去，就不能没有稳固的代表制度，就不能不给予在'文化'方面必然有较高要求的人民以一定的政治权利。这种一定程度的文化要求是资本主义生产方式本身连同它

① 参见《马克思恩格斯选集》第 3 卷，人民出版社 1995 年版，第 503 页；《列宁全集》第 36 卷，人民出版社 1985 年版，第 36—37 页。
② 《马克思恩格斯全集》第 8 卷，人民出版社 1961 年版，第 249、252 页。
③ 《列宁全集》第 26 卷，人民出版社 1988 年版，第 248 页。

的高度技术、复杂性、灵活性、能动性以及全世界竞争的飞速发展等等条件
所造成的。因此，资产阶级在策略方面的动摇，从暴力方式向所谓让步方式
的转变，是一切欧洲国家最近半个世纪以来历史的特点，而各个不同的国家
在一定时期内又总是主要采用某一种方法。"[1]

马克思主义经典作家认为，如果统治阶级特别是资产阶级策略的改变，
那工人阶级就应学会用同样的策略去对付它。

四、无产阶级的武装的与和平的斗争形式，都是为无产阶级利益服务的

马克思主义经典作家认为，在无产阶级反对资产阶级的斗争中，马克思
主义绝不拒绝武装的与和平的任何斗争形式，它不能把运动限于某种固定的
斗争形式。无产阶级武装的与和平的斗争形式，都是为无产阶级利益服务的
手段。他们认为，暴力在有些条件下是必需的、有益的，在有些条件下却不
能产生任何效果；无产阶级不可轻视和平的斗争手段，也不能忘记阶级斗争
在一定条件下就要采取武装斗争的形式。

（一）无产阶级要掌握一切斗争形式

马克思和恩格斯在《共产党宣言》中曾对德国工人阶级指出："共产党
一分钟也不忽略教育工人尽可能明确地意识到资产阶级和无产阶级的敌对的
对立，以便德国工人能够立刻利用资产阶级统治所必然带来的社会的和政治
的条件作为反对资产阶级的武器，以便在推翻德国的反动阶级之后立即开始
反对资产阶级本身的斗争。"[2]

列宁认为，马克思主义者在考察斗争形式问题时，不把运动限于某一种

---

[1] 《列宁全集》第 20 卷，人民出版社 1989 年版，第 68—69 页。
[2] 《马克思恩格斯选集》第 1 卷，人民出版社 1995 年版，第 306 页。

固定的斗争形式；马克思主义承认各种各样的斗争形式，并且不是"臆造"这些形式，而只是对运动进程中自然而然产生的革命阶级的斗争形式加以概括、组织，并使其带有自觉性；马克思主义要求细心对待进行中的群众斗争，因为群众斗争随着运动的发展，随着群众觉悟的提高，随着经济危机和政治危机的加剧，会产生愈来愈新和愈来愈多的防御和攻击的方式。因此，马克思主义绝不拒绝任何斗争形式，绝不局限于只是在当前可能的和已有的斗争形式，并认为，随着社会局势的变化，必然会出现新的、为这个时期的活动家所不知道的斗争形式。马克思主义在这方面可以说是向群众的实践学习的，绝不奢望用书斋里的"分类学家"臆造的斗争形式来教导群众，这是马克思主义者应当遵守的一个基本理论原理。①

列宁指出，全部历史，特别是历次革命的历史，总是比最优秀的政党、最先进阶级的最觉悟的先锋队所想象的更富有内容，更形式多样，更范围广阔，更生动活泼，"更难以捉摸"。革命阶级为了实现自己的任务，必须善于毫无例外地掌握社会活动的一切形式或方面（在夺取政权以后，有时还要冒着巨大的风险和危险去做它在夺取政权以前没有做完的工作），必须准备最迅速最突然地用一种形式来代替另一种形式。②

列宁还指出，一支军队不准备掌握敌人已经拥有或可能拥有的一切斗争武器、一切斗争手段和方法，谁都会认为这是愚蠢的，这一点对于政治比对于军事更为重要。在政治上更难预先知道，将来在这种或那种条件下，究竟哪一种斗争手段对于人们是适用的和有利的。倘若人们不掌握一切斗争手段，当其他阶级的状况发生了不以人们的意志为转移的变化，从而把人们特别没有把握的一种活动形式提到日程上来的时候，人们就会遭到巨大的有时甚至是决定性的失败；如果人们掌握了一切斗争手段，哪怕当时情况不容许人们使用对敌人威胁最大、能最迅速地给予致命打击的武器，人们也一定能

---

① 《列宁全集》第 14 卷，人民出版社 1988 年版，第 1—2 页。
② 《列宁全集》第 39 卷，人民出版社 1986 年版，第 74—75 页。

够胜利，因为他们代表着真正先进、真正革命的阶级的利益。那些不善于把不合法斗争形式和一切合法斗争形式结合起来的革命家，是极糟糕的革命家。①

（二）无产阶级的武装的与和平的斗争形式是随着发展的条件改变的

列宁指出，一定要历史地来考察斗争形式问题，脱离历史的具体环境来谈这个问题，就是不懂得辩证唯物主义的起码常识。在经济演进的各个不同时期，由于政治、民族文化、风俗习惯等等条件各不相同，也就有各种不同的斗争形式提到首位，成为主要的斗争形式，而各种次要的附带的斗争形式，也就随之发生变化；不详细考察某个运动在它的某一发展阶段的具体环境，要想对一定的斗争手段问题作肯定或否定的回答，就等于完全抛弃马克思主义的立脚点；这也是马克思主义者应当遵守的一个基本理论原理。②

斯大林认为，党的战略不是什么永恒的一成不变的东西，它随着历史的转变和历史的变动而改变；这种改变表现在对每一个历史转变都制定出一个与其相适应的战略计划，自然，适用于一个有它本身特点的历史时期的战略计划，就不能适用于另一个有完全不同特点的历史时期；每一个历史转变都有它所必需的和适合于它的任务的战略计划。③

（三）斗争形式的改变取决于经济、各阶级的情况、斗争力量的对比、政权的性质和国际关系

马克思主义经典作家指出，无产阶级政党的任务必然是随着历史过程中每个特殊阶段的具体的经济和政治情况而有所改变的。④因此，政治方面的斗争形式同作战方式、战争形式一样，不是永远一样的；政治方面的斗争形

---

① 《列宁全集》第 39 卷，人民出版社 1986 年版，第 75—76 页。
② 《列宁全集》第 14 卷，人民出版社 1988 年版，第 2 页。
③ 《斯大林全集》第 5 卷，人民出版社 1957 年版，第 142—143 页。
④ 《列宁全集》第 29 卷，人民出版社 1985 年版，第 136 页。

式比作战形式更为复杂，它是随着发展的条件，首先是随着生产的发展而改变；它的改变取决于经济、社会制度和文化的发展，取决于各阶级的情况、斗争力量的对比、政权的性质以及国际关系等；党的任务就是掌握一切斗争形式，在战场上把它们机智地配合起来，并且善于运用最适于某一情况的斗争形式来进行斗争。①

列宁指出，在每一个急剧的历史转变关头，要估计到各个阶级整个的阶级对比关系，应该注意到国与国之间的阶级对比关系的变化，对每个历史关头的阶级对比关系和具体特点作出经得起客观检验的最确切的分析，而不是抽出个别例子和个别特殊事件，只有这样，人们才会感到自己是稳固地立足于对可靠事实的分析之上；先进阶级只有客观地考虑到某个社会中一切阶级相互关系的全部总和，因而也考虑到该社会发展的客观阶段，考虑到该社会和其他社会之间的相互关系，才能据以制定正确的策略。并且不应当把各个阶级和各个国家看作是静态的，而应当看作是动态的，即不应当看作是处于不动的状态，而应当看作是处于运动之中（运动的规律是从每个阶级的存在的经济条件中产生的）。对运动，不仅要从过去的观点来看，而且要从将来的观点来看，并且不是像"进化论者"那样庸俗地理解，只看到缓慢的变化，而是要辩证地理解。②

列宁认为，反对资本的斗争形式是不断变化的，有时具有公开的国际性质，有时集中在一个国家。对于一个真正的革命者来说，最大的危险，甚至也许是唯一的危险，就是夸大革命的作用，忘记了恰当地和有效地运用革命方法的限度和条件。真正的革命者如果把"革命"几乎奉为神明，丧失理智，不能极其冷静极其清醒地考虑、权衡和验证在什么时候、什么情况下、什么活动领域要善于采取革命的行动，而在什么时候、什么情况下、什么活动领域要善于改用改良主义的行动，那他们就最容易为此而碰得头破血流；要是

---

① 《斯大林全集》第 5 卷，人民出版社 1957 年版，第 138—139 页。

② 参见《列宁全集》第 34 卷，人民出版社 1985 年版，第 92、95 页；《列宁全集》第 26 卷，人民出版社 1988 年版，第 77—78 页。

真正的革命者失去清醒的头脑，异想天开地以为"伟大的、胜利的、世界性的"革命在任何情况下、在任何活动领域都一定能够而且应该用革命方式来完成一切任务，那他们就会毁灭，而且一定会毁灭（是指他们的事业由于内因而不是由于外因而失败）；革命阶级的政治家如果不善于实行"机动、通融、妥协"以避免显然不利的战斗，这样的政治家是毫无用处的。①

马克思主义经典作家正确地规定了改良同革命的关系，在无产阶级还没有在哪一个国家取得第一次稍微巩固、稍微持久的胜利的情况下，他们把改良看作无产阶级的革命阶级斗争的副产品，就整个资本主义世界来说，这种关系是无产阶级革命策略的基础。在无产阶级哪怕是在一个国家取得胜利以后，改良在国际范围内仍然是一种"副产品"，但对取得胜利的国家来说，改良同革命的关系中就出现了某种新东西，在形式上发生了变化，如果经过极度紧张的斗争，实力显然不足以用革命手段来实行某种过渡，那么改良又是一种必要的、合理的喘息时机。②

（四）无产阶级应根据社会发展的客观阶段及变化选择斗争手段

马克思主义在每一个时期总是根据对群众力量和阶级对比关系的精确估计来决定这种或那种斗争形式是否恰当，总是根据当时形势的特点提出自己的策略和最近的任务。③列宁认为，共产党必须根据科学原则来行动，而科学首先要求估计到其他国家的经验，特别是其他同样是资本主义的国家正在经历或不久前曾经经历过的那种非常类似的经验；其次，它要求估计到在本国内部现有的一切力量、集团、政党、阶级和群众，要求绝不能仅仅根据一个集团或一个政党的愿望和见解、觉悟程度和斗争决心来确定政策；一切国

---

① 参见《列宁全集》第38卷，人民出版社1986年版，第331页；《列宁全集》第42卷，人民出版社1987年版，第246页；《列宁全集》第39卷，人民出版社1986年版，第57页。

② 《列宁全集》第42卷，人民出版社1987年版，第250—251页。

③ 参见《列宁全集》第33卷，人民出版社1985年版，第359页；《列宁全集》第29卷，人民出版社1985年版，第44页。

家的一切共产党人要普遍而彻底地认识到必须使自己的策略具有最大的灵活性。①

列宁说:"一切革命史的全部经验教导我们,当我们在进行任何一种群众运动或阶级斗争的时候,尤其是现在这种不仅席卷了整整一个国家,甚至是一个幅员辽阔的国家,而且波及到各种国际关系的阶级斗争的时候,首先和主要的是必须把估计客观情况作为自己策略的根据,必须用分析的态度来考察革命的进程迄今为止的情况,它为什么发生了那么危险、那么急剧、那么不利于我们的变化。"②

列宁反对那种不是从阶级力量方面估计革命对待内外部敌人的任务,而是要人们感情用事,单凭感情解决重大的和极端困难的问题的错误行为,这种错误会使共产主义运动受到最严重的危害。③他认为,右倾学理主义④固执地只承认旧形式,而不顾新内容,结果彻底破产了;"左"倾学理主义则固执地绝对否定某些旧形式,看不见新内容正在通过各种各样的形式为自己开辟道路,不知道共产党人的责任,就是要掌握一切形式,学会以最快的速度用一种形式去补充另一种形式,用一种形式去代替另一种形式,使我们的策略适应并非由我们的阶级或我们的努力所引起的任何一种形式的更替。⑤

(五) 和平为无产阶级聚集力量准备新的战斗提供时机

马克思主义经典作家认为,在人类历史上,既有二十年等于一天的缓慢发展时期,也有一天等于二十年的发展时期。列宁认为,无产阶级的策略,

---

① 《列宁全集》第 39 卷,人民出版社 1986 年版,第 60、81 页。

② 《列宁全集》第 34 卷,人民出版社 1985 年版,第 86—87 页。

③ 《列宁全集》第 34 卷,人民出版社 1985 年版,第 94 页;《列宁全集》第 39 卷,人民出版社 1986 年版,第 82 页。

④ 在列宁看来,学理主义指盲目地拘守某种学理,崇尚空谈,脱离实际的表现,意思同"教条主义"相近 (见《列宁专题文集 论无产阶级政党》,人民出版社 2009 年版,第 362 页注释 18)。

⑤ 《列宁全集》第 39 卷,人民出版社 1986 年版,第 82—83 页。

一方面要利用政治消沉时代或龟行发展即所谓"和平"龟行发展的时代来发展先进阶级的意识、力量和战斗力，另一方面要把这种利用工作全部引向这个阶级的运动的"最终目的"，并使这个阶级在"一天等于二十年"的伟大日子到来时有能力实际完成各项伟大的任务；人们应善于在似乎是"以和平方式"准备着新革命的新阶段进行工作。①

斯大林针对 20 世纪二三十年代苏联处于世界资本主义包围的状况指出，要建设社会主义，首先必须生存，必须有一个摆脱战争的"喘息"时期，必须争取到为生存和建设社会主义所必需的某些起码的国际条件。②

（六）社会主义国家的旗帜是和平旗帜，但要准备自卫战争

世界上第一个社会主义国家建立后，列宁和斯大林就提出，社会主义国家的旗帜是和平的旗子③，要始终不渝地执行维护和平的政策，同时也应当全面加强国家和军队的防御力量，绝对不能解除军队的武装。

1920 年 11 月，列宁在苏维埃俄国取得反对外国武装干涉和国内战争胜利，国家开始和平经济建设时指出，俄国所处的历史时期是它同比它强大许多倍的世界资产阶级进行斗争的时期；当时无产阶级的任务是维持一个被资本主义敌人包围的孤立的社会主义共和国的生存，捍卫一个比它周围的资本主义敌人弱得多的共和国，从而使敌人无法建立反对俄国的联盟，使他们难以实行自己的政策，使他们不能取得胜利。当时无产阶级的任务是保证俄国有恢复经济所必需的工具和资金，因为当时无产阶级一旦得到这些东西就会牢牢地站立起来，那时任何资本主义敌人对当时无产阶级来说都是不足惧的。④ 列宁认为，俄国应当在这个时期内坚持革命建设，用军事的方法，尤

---

① 《列宁全集》第 26 卷，人民出版社 1988 年版，第 78、81 页。

② 《斯大林选集》（上卷），人民出版社 1979 年版，第 513—514 页。

③ 《斯大林全集》第 7 卷，人民出版社 1958 年版，第 12—15 页。

④ 参见《列宁全集》第 39 卷，人民出版社 1986 年版，第 401 页；《列宁全集》第 40 卷，人民出版社 1986 年版，第 117—118 页。

其是用思想的方法、教育的方法同资产阶级进行斗争。①

列宁又指出，既已着手进行和平建设，就要用一切力量不间断地把它进行下去；与此同时，又要时刻戒备，要像保护眼珠一样保护国家和红军的防御能力，要记住，削弱保卫俄国工农及其胜利成果的防御能力，是丝毫不能容许的。俄国在采取和平步骤的同时，应当全面加强作战准备，绝对不能解除军队的武装。军队是使帝国主义列强丝毫不敢轻举妄动、不敢侵犯俄国的切实保障，要完成好把和与战两者结合起来的这一任务。俄国要努力做到，在裁减军队以后，将保留红军的基本核心，它不会使国家的开支负担过重，同时在军队数量减少的情况下，要比以前更好地保证：一旦需要，能够重新组织和动员更多的军事力量。②

斯大林认为，应当使俄国全体人民在武装侵犯的危险面前保持戒备状态，这样，俄国外部敌人制造的任何"偶然事件"和任何阴谋诡计都不会使人们措手不及；俄国一方面始终不渝地执行维护和平的政策，同时又极力加强了红军和红海军的战斗准备；爱好和平的国家如果不能制定能够防止侵略的特别办法，将来可能会被侵略弄得措手不及。③

斯大林在苏联赢得反法西斯战争胜利后指出，苏联人民进入了一个新的和平的经济发展阶段。现在，苏联人民面临的任务，就是要在巩固已经夺得的阵地之后，继续前进，争取新的经济高涨。人们要在最短期限内医治好敌人给本国所造成的创伤，把国民经济恢复到战前的发展水平，以便在最近期间大大超过这一水平，提高人民的物质福利，并进一步加强苏维埃国家的军事经济实力。在新的条件下，红军要警惕地保卫苏联人民的和平建设劳动，可靠地保障苏联的国家利益，确保祖国的边界不受敌人侵犯。④

---

① 《列宁全集》第 39 卷，人民出版社 1986 年版，第 401 页。

② 参见《列宁全集》第 42 卷，人民出版社 1987 年版，第 328 页；《列宁全集》第 38 卷，人民出版社 1986 年版，第 278 页；《列宁全集》第 40 卷，人民出版社 1986 年版，第 131 页。

③ 《斯大林文集》，人民出版社 1985 年版，第 192、245、431 页。

④ 《斯大林文集》，人民出版社 1985 年版，第 486 页。

五、国内战争是阶级斗争最尖锐的形式，暴力革命是无产阶级求得解放的工具

马克思主义经典作家认为，国内战争是阶级斗争最尖锐的形式，暴力革命是无产阶级求得解放的工具，而且这是唯一可靠的道路。马克思、恩格斯在《共产党宣言》中指出，在无产阶级反对本国资产阶级的斗争中，现存社会内部或多或少隐蔽着国内战争，直到这个战争转变为公开的革命，无产阶级用暴力推翻资产阶级而建立自己的统治。①

（一）革命时期阶级斗争在一切国家总是采取国内战争的形式

马克思主义经典作家指出，世界上各次革命的历史都表明，阶级斗争变为国内战争不是偶然的，而是必然的。因为在任何阶级社会里，在尖锐的经济危机和政治危机的一定时期，阶级斗争就会径直发展成为国内战争，即两部分人之间的武装斗争。在革命时代，阶级斗争在一切国家总是不可避免地要采取国内战争的形式，阶级斗争归根到底是通过最激烈最尖锐的形式即内战的形式解决的，所有的大革命都证实了这一点。②

列宁认为，任何大革命，尤其是社会主义革命，即使不发生外部战争，也绝不会不经过内部战争即内战，没有一个严肃的马克思主义者会认为从资本主义向社会主义的过渡可以不经过内战，即无产阶级和资产阶级争夺政权的国内战争。因为没有这种战争，就不能真正前进。③列宁指出，迄今为止，一切革命、一切最伟大的革命的成败都是由一系列的战争来决定的，社会主义革命也是这种最伟大的革命。④

---

① 《马克思恩格斯选集》第 1 卷，人民出版社 1995 年版，第 283—284 页。

② 参见《列宁全集》第 32 卷，人民出版社 1985 年版，第 76、25 页；《列宁全集》第 14 卷，人民出版社 1988 年版，第 8 页；《列宁全集》第 35 卷，人民出版社 1985 年版，第 56 页。

③ 参见《列宁全集》第 34 卷，人民出版社 1985 年版，第 17、443 页；《列宁全集》第 28 卷，人民出版社 1990 年版，第 12 页。

④ 《列宁全集》第 40 卷，人民出版社 1986 年版，第 142 页。

马克思主义经典作家指出，革命是极端残酷的殊死的阶级斗争，革命时期阶级斗争是以最恐怖的方式进行的。① 恩格斯说："革命就是一部分人用枪杆、刺刀、大炮，即用非常权威的手段强迫另一部分人接受自己的意志。"② 列宁说："国内战争是比其他任何战争都更严重更残酷的战争。在历史上，自古罗马的国内战争起，一直都是如此，因为国际战争总是以有产阶级之间的勾结而告结束，唯有在国内战争中，被压迫阶级才集中全力来彻底消灭压迫阶级，消灭这个阶级存在的经济条件。"③

（二）无产阶级国家替代资产阶级国家，非通过暴力革命不可

马克思主义经典作家认为，革命是历史的火车头，被压迫阶级要求得解放，不仅非进行暴力革命不可，而且非消灭统治阶级所建立的国家政权机构不可，暴力将必然伴随着整个资本主义的彻底崩溃和社会主义社会的诞生。④

马克思主义经典作家指出，世界上还没有一个不经过斗争就自动下台的统治阶级，全部世界史的经验、被压迫阶级反抗压迫者的一切起义的经验告诉人们，剥削者必然要进行拼命的和长期的反抗来保持他们的特权。⑤ 恩格斯说，在历史和政治问题上，没有暴力，没有坚定不移的无情手段，历史上任何事情都是不会成功的。⑥

马克思、恩格斯在《共产党宣言》中写道："共产党人不屑于隐瞒自己

---

① 参见《列宁全集》第36卷，人民出版社1985年版，第353页；《列宁全集》第37卷，人民出版社1986年版，第341页。

② 参见《马克思恩格斯选集》第3卷，人民出版社1995年版，第227页；《列宁全集》第34卷，人民出版社1985年版，第44页。

③《列宁全集》第36卷，人民出版社1985年版，第353页。

④ 参见《马克思恩格斯选集》第1卷，人民出版社1995年版，第456页；《列宁全集》第31卷，人民出版社1985年版，第7页；《列宁全集》第34卷，人民出版社1985年版，第44页。

⑤ 参见《列宁全集》第35卷，人民出版社1985年版，第371页；《列宁全集》第36卷，人民出版社1985年版，第83—84页。

⑥《马克思恩格斯全集》第6卷，人民出版社1961年版，第333页。

的观点和意图。他们公开宣布：他们的目的只有用暴力推翻全部现存的社会制度才能达到，让统治阶级在共产主义革命面前发抖吧。无产者在这个革命中失去的只是锁链。他们获得的将是整个世界。"[①] 没有暴力革命，是不能对资产阶级旧制度进行根本改造的。[②]

列宁指出，马克思和恩格斯关于暴力革命不可避免的学说是针对资产阶级国家说的。资产阶级国家由无产阶级国家（无产阶级专政）代替，不能通过"自行消亡"，根据一般规律只能通过暴力革命。恩格斯对暴力革命的颂扬同马克思的屡次声明完全符合，必须系统地教育群众这样来认识暴力革命，这就是马克思和恩格斯全部学说的基础。不用暴力破坏资产阶级的国家机器并用新的国家机器代替它，无产阶级革命是不可能的，没有革命的暴力，就不可能取得胜利，新制度就不可能产生。无产阶级国家的消灭，即任何国家的消灭，只能通过"自行消亡"。[③]

马克思主义经典作家曾指出，无产阶级的最终目的是战胜全世界的资产阶级，以为无产阶级将会通过和平道路达到最终目的，那是空想。[④] 但是，对于在某些条件下战胜某个国家的资产阶级，马克思主义经典作家并没有排除"资产阶级和平地让出政权"的可能，他们认为这"只能作为某种特殊情况下的例外"。

1872 年 9 月，马克思在阿姆斯特丹群众大会的演说中说过，工人总有一天必须夺取政权，"但是我们从来没有断言，为了达到这一目的，到处都应该采取同样的手段。我们知道，必须考虑到各国的制度、风俗和传统；我们也不否认，有些国家，像美国、英国，——如果我对你们的制度有更好的了解，也许还可以加上荷兰，——工人可能用和平手段达到自己的目的。但

① 《马克思恩格斯选集》第 1 卷，人民出版社 1995 年版，第 307 页。

② 《斯大林选集》（上卷），人民出版社 1979 年版，第 405 页。

③ 参见《列宁全集》第 31 卷，人民出版社 1985 年版，第 19—20 页；《列宁全集》第 35 卷，人民出版社 1985 年版，第 238 页；《列宁全集》第 38 卷，人民出版社 1986 年版，第 125 页。

④ 《列宁全集》第 26 卷，人民出版社 1988 年版，第 39 页。

是，即使如此，我们也必须承认，在大陆上的大多数国家中，暴力应当是我们革命的杠杆；为了最终地建立劳动的统治，总有一天正是必须采取暴力"①。

列宁认为，任何革命的和平发展，一般说来，都是一件非常罕见和极其困难的事情，因为革命是最尖锐的阶级矛盾的极度激化；只有在某些情况下，出现例外。例如，在某一个小国家里，在它的大邻国已经完成社会革命之后，资产阶级和平地让出政权是可能的，如果它深信反抗已毫无希望，不如保住自己的脑袋，当然，更大的可能是，即使在各小国家里，不进行国内战争，社会主义也不会实现，因此，承认这种战争应当是国际社会民主党的唯一纲领，虽然对人使用暴力并不是人们的理想，革命和平发展的这种可能性在历史上是非常罕见，非常可贵的。②

列宁说："喜欢幻想的知识分子、小资产阶级社会主义者曾经认为，也许现在还认为，还幻想：说服的办法可以实现社会主义。他们以为大多数人是可以说服的，只要说服大多数人，少数人就会顺从，然后再由大多数人投票表决，社会主义就会实现。不，世界上的事不是那么称心如意的；剥削者，残暴的地主，资本家阶级是说不服的。社会主义革命证实了大家所见到的事情——剥削者进行激烈的反抗。被压迫阶级受的压迫愈大，他们愈是接近于推翻一切压迫和一切剥削，被压迫的农民和被压迫的工人愈是坚决地发挥他们的首创精神，剥削者的反抗就愈是疯狂。"③

（三）无产阶级革命战争的政治目的是夺取国家政权

马克思主义经典作家认为，一切革命的根本问题是国家政权问题，无产阶级革命战争的政治目的是夺取国家政权，使自己上升为统治阶级，然后用这一国家政权即无产阶级专政作为本阶级的工具，按照自己的面貌来改造

---

① 《马克思恩格斯全集》第 18 卷，人民出版社 1964 年版，第 179 页。

② 参见《列宁全集》第 32 卷，人民出版社 1985 年版，第 174、132 页；《列宁全集》第 28 卷，人民出版社 1990 年版，第 162—163 页。

③ 《列宁全集》第 34 卷，人民出版社 1985 年版，第 414 页。

社会。

1. 工人革命的第一步是推翻资产阶级并为自己争得国家政权，使自己上升为统治阶级

恩格斯说："任何一个真正革命都是社会革命，因为它使新阶级占居统治地位并且让它有可能按照自己的面貌来改造社会。"① 列宁认为，无论从革命这一概念的严格科学意义来讲，或是从实际政治意义来讲国家政权从一个阶级手里转到另一个阶级手里，都是革命的首要的基本的标志。②

马克思、恩格斯在《共产党宣言》中提出，工人革命的第一步是使无产阶级上升为统治阶级，利用自己的政治统治，一步一步地夺取资产阶级的全部资本，把一切生产工具集中在国家即组织成为统治阶级的无产阶级手里；要做到这一点，当然首先必须对所有权和资产阶级生产关系实行强制性的干涉，作为变革全部生产方式的手段；以统治阶级的资格用暴力消灭旧的生产关系，它在消灭这种生产关系的同时，也就消灭了阶级对立和阶级本身存在的条件。③

列宁认为，无产阶级需要国家这样一个反对资产阶级的特殊暴力组织，不预先消灭和破坏资产阶级为自己建立的国家机器，根本就不可能建立这样一个组织！在《共产党宣言》中已接近于得出这个结论，马克思在总结1848—1851 年革命的经验时也就谈到了这个结论。④ 列宁说："'国家即组织成为统治阶级的无产阶级'，——马克思的这个理论同他关于无产阶级在历史上的革命作用的全部学说，有不可分割的联系；这种作用的最高表现就是无产阶级实行专政，无产阶级实行政治统治。"⑤

---

① 《马克思恩格斯全集》第 18 卷，人民出版社 1964 年版，第 614 页。
② 《列宁全集》第 29 卷，人民出版社 1985 年版，第 137 页。
③ 《马克思恩格斯选集》第 1 卷，人民出版社 1995 年版，第 293—294 页。
④ 《列宁全集》第 31 卷，人民出版社 1985 年版，第 25 页。
⑤ 《列宁全集》第 31 卷，人民出版社 1985 年版，第 24—25 页。

2. 无产阶级革命应当打碎摧毁旧的、现成的国家机器，并用新的国家机器代替它

马克思主义经典作家认为，无产阶级革命必须用暴力破坏资产阶级的国家机器，并用新的国家机器代替它，这个新的国家机器已经不是原来意义上的国家。[①]

马克思 1871 年 4 月在写给路·库格曼的信中写道："你读一下我的《雾月十八日》的最后一章，你就会看到，我认为法国革命的下一次尝试再不应该象以前那样把官僚军事机器从一些人的手里转到另一些人的手里，而应该把它打碎，这正是大陆上任何一次真正的人民革命的先决条件。"[②] 马克思和恩格斯 1872 年 6 月在《共产党宣言》德文新版的序言中说："特别是公社已经证明：'工人阶级不能简单地掌握现成的国家机器，并运用它来达到自己的目的。'"马克思认为，工人阶级应当打碎、摧毁"现成的国家机器"，而不只是简单地夺取这个机器。[③]

列宁说，马克思在《共产党宣言》中对历史作了一般的总结，使人们认识到国家是阶级统治的机关，还使人们得出这样一个必然的结论：无产阶级如果不先夺取政权，不取得政治统治，不把国家变为"组织成为统治阶级的无产阶级"，就不能推翻资产阶级，在这里还没有提出究竟应当怎样（从历史发展的观点来看）以无产阶级国家来代替资产阶级国家的问题。马克思在《路易·波拿巴的雾月十八日》一书中的论述，与《共产党宣言》相比，向前迈进了一大步，在《共产党宣言》中，国家问题还提得非常抽象，只用了最一般的概念和说法，在这里，问题提得具体了，并且作出了非常准确、明确、实际而具体的结论：过去一切革命都是使国家机器更加完备，而这个机器是必须打碎，必须摧毁的，这个结论是马克思主义国家学说中主要的基本

---

① 《列宁全集》第 35 卷，人民出版社 1985 年版，第 238 页。
② 《马克思恩格斯选集》第 4 卷，人民出版社 1995 年版，第 599 页。
③ 《列宁全集》第 31 卷，人民出版社 1985 年版，第 34—35 页。

的东西。①

列宁说:"革命就是无产阶级破坏'管理机构'和整个国家机构,用武装工人组成的新机构来代替它";"问题的本质在于,是保存旧的国家机器(它与资产阶级有千丝万缕的联系,并且浸透了因循守旧的恶习)呢,还是破坏它并用新的来代替它,革命不应当是新的阶级利用旧的国家机器来指挥、管理,而应当是新的阶级打碎这个机器,利用新的机器来指挥、管理,——这就是考茨基所抹杀或者完全不理解的马克思主义的基本思想。"②

(四) 没有无产阶级的军队就不可能有无产阶级革命的胜利

马克思主义经典作家认为,无产阶级革命的第一个信条就是要建立革命军队,打碎旧军队,真正使无产阶级武装起来,没有一支随时准备为革命效劳的武装力量,革命就不能胜利。

1.掌握国家大权的资产阶级的第一个信条就是解除工人的武装

1891 年,恩格斯在《法兰西内战》单行本导言中指出,法国从 1789 年起的经济发展和政治发展"使巴黎在最近 50 年来形成了这样的局面:那里爆发的每一次革命都不能不带有某种无产阶级的性质,就是说,用鲜血换取了胜利的无产阶级,在胜利之后总是提出自己的要求",所有这些要求归根到底都是要消灭资本家和工人之间的阶级对立,而且提出这个要求的工人们还拥有武装。因此,掌握国家大权的资产者的第一个信条就是解除工人的武装,只要巴黎工人手里还有武器,有产阶级——大土地占有者和资本家——的统治就时刻处于危险之中。③

列宁指出,在任何一个阶级社会里,不管它建立在奴隶制、农奴制或雇佣奴隶制之上,压迫阶级总是武装起来的;不仅现在的常备军,而且现在的

---

① 《列宁全集》第 31 卷,人民出版社 1985 年版,第 26—27 页。
② 《列宁全集》第 31 卷,人民出版社 1985 年版,第 110 页。
③ 《马克思恩格斯选集》第 3 卷,人民出版社 1995 年版,第 3、6 页。

民兵，连瑞士的民兵也不例外，都是资产阶级反对无产阶级的武装；军队在一切资产阶级共和国甚至最民主的共和国中都是压迫机构；武装资产阶级以反对无产阶级，这是现代资本主义社会的一个最重大、最基本和最重要的事实。面对这样的事实，有人竟劝告革命社会民主党人提出"废除武装"的"要求"，这就等于完全放弃阶级斗争的观点和任何革命的念头。反革命派从来不容忍而且也不能容忍武装工人和军队并存，因为武装工人是新军队的萌芽，是新社会制度的组织细胞。破坏这个细胞，不让它发展起来，这就是资产阶级的第一个信条。①

2. 无产阶级革命的第一个信条就是要建立革命的新军队

马克思主义经典作家认为，无产阶级必须武装和组织起来，组建自己的军队，以便战胜、剥夺资产阶级，解除其武装，这是革命阶级唯一可行的策略。

马克思指出，要消灭阶级统治和阶级压迫，必须先实行无产阶级专政，才可能实现这种变革，而无产阶级专政的首要条件就是无产阶级的军队，工人阶级必须在战场上争得自身解放的权利。②列宁认为，革命军队是进行军事斗争所必需的，因为只有靠暴力才能解决伟大的历史问题，而在现代斗争中，暴力组织就是军事组织；建立革命军队，这是一个艰巨、复杂和长期的过程，没有这种军队就不可能有革命的真正胜利的时候。③

列宁说："任何一次大革命都得'瓦解'军队，而且不这样做不行。因为军队是支持旧制度的最坚硬的工具，是维护资产阶级纪律、支持资本统治、保持并培养劳动者对资本的奴隶般的驯服和服从的最坚固的柱石。……

---

① 参见《列宁全集》第 28 卷，人民出版社 1990 年版，第 90 页；《列宁全集》第 35 卷，人民出版社 1985 年版，第 493、286 页。

② 《马克思恩格斯全集》第 17 卷，人民出版社 1963 年版，第 468 页。

③ 参见《列宁全集》第 10 卷，人民出版社 1987 年版，第 318—319 页；《列宁全集》第 11 卷，人民出版社 1987 年版，第 367 页。

马克思和恩格斯多次着重指出，任何取得胜利的革命的第一个信条就是打碎旧军队，解散旧军队，用新军队代替它。一个上升到统治地位的新的社会阶级，如果不使旧军队完全解体……不逐渐建立起、在艰苦的内战中建立起新阶级的新军队、新纪律、新军事组织，它无论过去和现在都不能取得也不能巩固这种统治地位。"①

第三节　关于决定战争结局与和平条件的主要因素

马克思主义经典作家认为，决定战争结局的主要因素：一是经济与组织力量，二是精神力量，三是人民群众的同情与支持和正确的政策；而战争中所达到的实际力量决定着实现和平的条件。

一、经济力量是进行战争的物质基础

马克思主义经典作家认为，经济力量是进行战争的物质基础。马克思说："批判的武器当然不能代替武器的批判，物质力量只能用物质力量来摧毁。"②

（一）暴力本身的"本原的东西"是经济力量，暴力是以可供其支配的物质手段为基础的

马克思和恩格斯指出，暴力本身的"本原的东西"是经济力量，暴力本身就是一种经济力。③ 恩格斯说："暴力不是单纯的意志行为，它要求具备各种实现暴力的非常现实的前提，特别是工具，其中，较完善的战胜较不完善

---

① 《列宁全集》第 35 卷，人民出版社 1985 年版，第 285—286 页。
② 《马克思恩格斯选集》第 1 卷，人民出版社 1995 年版，第 9 页。
③ 参见《马克思恩格斯选集》第 3 卷，人民出版社 1995 年版，第 517 页；《马克思恩格斯选集》第 2 卷，人民出版社 1995 年版，第 266 页。

的；其次，这些工具必然是生产出来的，同时也可以说，较完善的暴力工具即一般所说的武器的生产者，战胜较不完善的暴力工具的生产者；一句话，暴力的胜利是以武器的生产为基础的，而武器的生产又是以整个生产为基础，因而是以'经济力量'，以'经济状况'，以可供暴力支配的物质手段为基础的"；"在任何地方和任何时候，都是经济条件和经济上的权力手段帮助'暴力'取得胜利，没有它们，暴力就不成其为暴力。"①

马克思和恩格斯还指出，暴力还是由经济状况来决定的。经济状况供给暴力以配备和保持暴力工具的手段；但是还不仅如此，没有什么东西比陆军和海军更依赖于经济前提、装备、编成、编制、战术和战略，首先依赖于当时的生产水平和交通状况。②马克思说："有一种传统的观念，认为在某些时期人们只靠劫掠生活。但是要能够劫掠，就要有可以劫掠的东西，因此就要有生产。而劫掠方式本身又决定于生产方式。例如，劫掠一个从事证券投机的民族就不能同劫掠一个游牧民族一样。"③

列宁指出，人们常常拿法国人在1792—1793年所表现的英勇爱国精神和奋勇作战的奇迹作例证，但是，他们常常忘记了当时唯一可能造成这种奇迹的物质条件，即历史经济条件。用真正革命的手段摧毁过时的封建制度，使全国过渡到更高的生产方式，过渡到自由的农民土地占有制，并且是以真正革命民主主义者那种迅猛、果敢、坚韧和忘我的精神来实现这种过渡，这就是那些用"神奇的"速度挽救了法国，把它的经济基础加以改造、加以革新的物质经济条件。④

（二）战争需要认真的经济上的准备和巩固的有组织的后方

马克思主义经典作家一向反对在战争问题上进行革命空谈，他们认为，

---

① 《马克思恩格斯选集》第3卷，人民出版社1995年版，第509、515页。
② 《马克思恩格斯选集》第3卷，人民出版社1995年版，第509—510页。
③ 《马克思恩格斯选集》第2卷，人民出版社1995年版，第16页。
④ 《列宁全集》第32卷，人民出版社1985年版，第221页。

对国防力量和作战准备要采取严肃的态度，要进行革命战争，必须进行长期的、认真的准备，首先必须发展国家的经济，进行极其认真的经济上的准备。斯大林说："没有勇敢精神，固然不能获得胜利。但是单靠勇敢精神，也还打败不了军队众多、装备优良、军官训练有素和供应良好的敌人。要能经住这样一种敌人的打击，并且给以回击，最后彻底打败敌人，那么除了我国军队那种无比的勇敢精神以外，还必须有完全现代化的并且是数量充足的装备，以及组织得很好的并且也是数量充足的供应。可是要做到这一点，就必须具备，而且是在数量上充分具备这样一些基本的东西：制造武器、装具和企业设备用的金属，维持企业生产和交通运输用的燃料，制作军服用的棉花以及供给军队的粮食"。①

列宁说："要认真地进行战争，就必须有巩固的有组织的后方。如果没有充分的装备、给养和训练，最好的军队，最忠于革命事业的人，也会很快被敌人消灭。这个道理十分明显，用不着加以解释。"②斯大林也指出，"世界上任何一支军队没有稳固的后方就不能获得胜利（当然是指持久的牢固的胜利）。后方对于前线极为重要，有为因为它，也只有它，不仅以各种给养支援前线，而且还以人力——战士，以情绪和思想来支援前线。不稳固的尤其是怀有敌意的后方，必定会使最精锐最团结的军队变成一群不稳固的乌合之众"；"要获得战争的胜利，就绝对需要它所赖以取得人力补充和物力支援的当地居民的团结一致，而这种团结可能是民族的，也可能是阶级的；没有这种团结就不可能有长期的军事胜利。"③

马克思主义经典作家指出，战争中所遵循的准则就是：一切都应该服从于战争的利益，整个国内生活都应该服从于战争，在这一点上不容许有丝毫的动摇。④

---

① 《斯大林选集》（下卷），人民出版社 1979 年版，第 488、494 页。

② 《列宁全集》第 33 卷，人民出版社 1985 年版，第 424 页。

③ 《斯大林全集》第 4 卷，人民出版社 1956 年版，第 255 页。

④ 《列宁全集》第 39 卷，人民出版社 1986 年版，第 108—109 页。

（三）新的生产力和新的社会关系是新的作战方式和军事上每一种新成就的前提

马克思主义经典作家认为，军队的全部组织和作战方式取决于经济条件，新的生产力和新的社会关系是新的作战方法和军事上每一种新的成就的前提。恩格斯指出，新的军事科学是新的社会关系的必然产物，就如同革命和拿破仑所创造的军事科学是革命所产生的新关系的必然结果一样，新的生产力同样是军事上每一种新的成就的前提。[①] 他说："正如同纺织机的生产率如果不用蒸汽力代替人力，也就是说如不创造与旧的手织机大不相同的新的生产工具，便不能增加 3 倍一样，在军事学术上也不能利用旧的手段去达到新的结果。只有创造新的、更有威力的手段，才能达到新的、更伟大的结果。每个在战史上因采用新的办法而创造了新纪元的伟大的将领，不是新的物质器材的发明者，便是以正确的方法运用他以前所发明的新器材的第一人。"[②]"随着新作战工具即射击火器的发明，军队的整个内部组织就必然改变了，各个人借以组成军队并能作为军队行动的那些关系就改变了，各个军队相互间的关系也发生了变化。"[③]

斯大林指出，作战方式、战争形式，不是永远一样的，它们是随着发展的条件，首先是随着生产的发展而改变；成吉思汗时代作战的方式不同于拿破仑第三时代，20 世纪作战的方式不同于 19 世纪。[④]

二、战争的胜负取决于人和武器这两种材料

马克思主义经典作家认为，战争的胜负取决于人和武器这两种因素，也

---

① 《马克思恩格斯全集》第 7 卷，人民出版社 1959 年版，第 562 页。
② 《马克思恩格斯全集》第 7 卷，人民出版社 1959 年版，第 565 页。
③ 《马克思恩格斯选集》第 1 卷，人民出版社 1995 年版，第 344 页。
④ 《斯大林全集》第 5 卷，人民出版社 1957 年版，第 138 页。

就是取决于居民的质与量和取决于技术。在人与武器的关系中，人是决定性因素。

（一）战争与人民群众的利益关系决定他们对战争的态度

列宁指出，靠雇佣兵或半脱离人民的帮会分子作战的时代，已经一去不复返了，战争现在是由人民来进行的，因此，战争的伟大属性现在表明得特别明显；一旦人民不得不在实际上以自己的鲜血为专制制度付出代价，专制制度同整个社会发展的利益、同全体人民（一小撮官吏和巨头除外）的利益水火不相容的情况就表现出来了。

列宁还指出，战争的性质及其胜利主要取决于参战国的国内制度，所有这一切必然都对战争的进行起着作用，而进行战争和继续战争的是哪个阶级，这个问题极为重要。革命战争如果真正吸引被压迫劳动群众参加并同他们的利益息息相关，使这些群众意识到自己是在同剥削者作斗争，那么，这种革命战争就会唤起创造奇迹的毅力和才能；正因为俄国国内战争是解放了的工人和农民进行的，是劳动人民为摆脱本国和全世界资本家压迫而进行的政治斗争的继续，所以在俄国这样一个受了四年帝国主义战争折磨的落后国家里，人们才能有坚强的意志，才能在难以想象的无比艰难困苦的两年中把战争坚持下来，这个因素最后决定战争的结果。①

列宁提出，俄国这个被第一次世界大战"弄得精疲力竭的又弱又落后的国家竟战胜了世界上几个最强大的国家②，如果想一想出现这种历史奇迹的根本原因究竟在哪里，那么，我们可以看出，根本原因就在于集中、纪律和空前的自我牺牲精神"，"另一方面，是由于私有制即资本主义私有制、商品

① 参见《列宁全集》第9卷，人民出版社1987年版，第137—138页；《列宁全集》第37卷，人民出版社1986年版，第316页；《列宁全集》第38卷，人民出版社1986年版，第193页。

② 十月革命胜利后，1919年3月，英、美、法、日等协约国帝国主义军队开始对苏维埃俄国进行武装干涉，并鼓动了俄国国内的反革命势力，一场外国帝国主义者和俄国国内反革命势力所策动的武装干涉和国内战争开始。到1922年夏，延续达3年之久的外国武装干涉和国内战争以苏维埃俄国的胜利结束。——编者注

生产中的小私有制使敌人分崩离析。私有制在起分裂作用，我们则联合劳动者，而且愈来愈多地把全世界千百万劳动者联合起来"。"如果想想，到底为什么我们能够胜利，为什么我们必然胜利，那么只能说，是因为所有我们的敌人，那些在形式上同世界最强大的资本政府和资本代表有着各种各样的联系的人，不管他们在形式上是如何团结，实际上却是四分五裂的；他们之间的内部联系骨子里却是在分裂他们，使他们互相敌视，资本主义私有制也在使他们分化，把他们从盟友变成野兽，所以他们看不到，在阿尔汉格尔斯克登陆的英国士兵中，在塞瓦斯托波尔登陆的法国水兵中，在世界各国工人中，拥护苏维埃俄国的人日益增多起来，虽然在所有的先进国家里，社会党妥协分子都投到资本方面去了。就是这个基本原因，这个最深刻的原因，最终使我们获得了最可靠的胜利；这个原因过去是现在仍旧是我们取之不尽、用之不竭的最主要的力量源泉。"①

（二）决定战争命运的归根到底是人民群众的支持和正确的政策与策略②

列宁认为，没有群众的革命情绪，没有促使这种情绪高涨的条件，革命的策略是不能变为行动的，但是，绝不能只根据革命情绪来制定革命策略。制定策略，必须清醒而极为客观地估计到本国的（和邻国的以及一切国家的，即世界范围内的）一切阶级力量，并且要估计到历次革命运动的经验。他指出，俄国在 1917 年那种历史上非常独特的具体形势下，开始社会主义革命是容易的，而要把革命继续下去，把革命进行到底，却要比欧洲各国困难；俄国当时的特殊条件是：1. 有可能把苏维埃革命同结束（通过苏维埃革命）给工农带来重重灾难的帝国主义战争联结起来；2. 有可能在一定时期内利用称霸世界的两个帝国主义强盗集团之间的殊死斗争，当时这两个集团不

---

①　《列宁全集》第 38 卷，人民出版社 1986 年版，第 269—271 页。

②　《斯大林全集》第 10 卷，人民出版社 1954 年版，第 96 页。

能联合起来反对苏维埃这个敌人；3.有可能坚持比较长期的国内战争，其部分原因是俄国幅员广大和交通不便；4.当时农民中掀起了非常深刻的资产阶级民主革命运动，无产阶级政党就接过了农民政党（即社会革命党，他们多数党员是激烈反对布尔什维主义的）的革命要求，并且由于无产阶级夺取了政权而立即实现了这些要求，这些特殊条件目前在西欧是没有的，而且重新出现这样的或类似的条件也不是很容易的。①

斯大林说："最大的军队，装备最好的军队，往往由于没有巩固的后方，没有来自后方、来自劳动人民的支援和同情而土崩瓦解、化为乌有。我们的军队是世界上唯一得到工农同情和支援的军队。它的力量就在这里，它的坚固性就在这里。"②

（三）任何战争的胜利，归根到底是由战场流血牺牲的群众的士气决定的

列宁认为，现代战争也同现代技术一样，要求有质量高的人才；没有具有主动精神的、自觉的陆海军士兵，要在现代战争中取胜是不可能的；群众认识到战争的目的和原因，这有巨大的意义，这是胜利的保证。③他说："在任何战争中，胜利归根到底是由在战场上流血牺牲的群众的士气决定的。士兵们确信战争的正义性并且意识到必须为了自己弟兄们的幸福而牺牲自己的生命，这就会使他们斗志昂扬并且能忍受空前的艰难困苦。……这是因为每一个手握武器的工人和农民都知道他们为什么而战，并且自觉地为正义和社会主义的胜利而流血。"④

斯大林在谈到美英军队在朝鲜战争中的表现时指出，如果美国和英国最

① 《列宁全集》第39卷，人民出版社1986年版，第43—44页。

② 《斯大林选集》（下卷），人民出版社1979年版，第2—3页。

③ 参见《列宁全集》第9卷，人民出版社1987年版，第138页；《列宁全集》第39卷，人民出版社1986年版，第114页。

④ 《列宁全集》第39卷，人民出版社1986年版，第114页。

终拒绝了中国的和平建议，朝鲜的战争便只能以武装干涉者的失败而告终。因为，这场战争在美英的士兵中是极其不得人心的。人们都知道，美国和英国的士兵在反对希特勒德国和军国主义日本的战争中，表现得非常之好，问题在于士兵们认为对朝鲜和中国的战争是非正义的，而对希特勒德国和军国主义日本的战争是完全正义的。如果士兵们认为强迫他们进行的战争是极端非正义的，不相信他们的使命合乎正义，便会在前线敷衍塞责，情绪低落，那么，就是最有经验的将军和军官也要吃败仗的。①

（四）革命必然在军事上创造自己特殊的、新的作战方式

马克思主义经典作家认为，革命战争表现出巨大的革命创造精神，冲破了一切旧的战争法规和惯例，创立了新的作战方法，无产阶级的解放将在军事上创造自己特殊的、新的作战方法。他们指出，战术是由军事技术水平决定的②，一旦技术上的进步可以用于军事目的并且已经用于军事目的，它们便立刻几乎强制地，而且往往是违反指挥官的意志而引起作战方式上的改变甚至变革③；随着军事技术的变化，军事斗争的方式方法也在发生变化，而且也应当发生变化。④

恩格斯认为，法国大革命的战争创造了像拿破仑这样的人物，他把这种新的作战方法发展为一套正规的制度，并吸取旧制度中有益的部分，因而立即使这种新方法达到像弗里德里希使线式战术所达到的那样完善的程度，这时候，法国军队几乎无敌于天下，一直到他们的敌人学会他们的经验并按新形式编组自己的军队时为止。⑤ 他指出，这种现代的作战方法是以资产阶级和农民的解放为前提的，它是这个解放的军事上的表现，并预言无产阶级的

---

① 《斯大林文集》，人民出版社 1985 年版，第 588—589 页。
② 《列宁全集》第 13 卷，人民出版社 1987 年版，第 370 页。
③ 《马克思恩格斯选集》第 3 卷，人民出版社 1995 年版，第 514—515 页。
④ 《列宁全集》第 11 卷，人民出版社 1987 年版，第 270 页。
⑤ 《马克思恩格斯全集》第 14 卷，人民出版社 1964 年版，第 39 页。

解放在军事上同样也将有它自己的表现，并将创造出自己特殊的、新的作战方法。①

列宁说："18世纪末，法国的革命市民和革命农民用革命手段推翻了本国的君主制，建立了民主共和国（在镇压了本国的君主之后，又用革命手段镇压了本国的地主），革命阶级的这种政治不能不彻底动摇欧洲所有其他专制的、皇帝的、国王的、半封建的国家。而战争也就成为获得了胜利的法国革命阶级的这种政治的必然继续，在这种战争中，欧洲的所有君主国结成了有名的同盟反对革命的法国，用反革命战争对付法国。当时革命的法国人民不但在国内第一次发挥了几百年内没有见过的最大的革命劲头，而且在18世纪末的战争中也表现出了同样的巨大革命创造精神，他们改造了整个战略体系，冲破了一切旧的战争法规和惯例，建立了新的、革命的、人民的军队以代替旧军队，创立了新的作战方法。"②

恩格斯指出，一个想争取自身独立的民族，不应该仅限于用一般的作战方法；群众起义，革命战争，到处组织游击队——这才是小民族制胜大民族，不够强大的军队抵抗比较强大和组织良好的军队的唯一方法。③

三、战争是对每个民族全部经济力量和组织力量的考验

列宁和斯大林认为，一个国家的军事组织和它的整个经济文化制度之间有密切的联系④，战争是对每个民族全部经济力量和组织力量的考验⑤；战争的历史教导人们，只有那些在经济的发展和组织方面，在本国军队的经验、技能和士气方面，在整个战争期间人民的坚定和团结一致方面都胜过敌人的

---

① 《马克思恩格斯全集》第7卷，人民出版社1959年版，第561—562页。
② 《列宁全集》第30卷，人民出版社1985年版，第79页。
③ 《马克思恩格斯全集》第6卷，人民出版社1961年版，第461页。
④ 《列宁全集》第9卷，人民出版社1987年版，第139页。
⑤ 《列宁全集》第37卷，人民出版社1986年版，第316页。

国家，才能经受得住这种考验。①

斯大林认为，第二次世界大战是对苏联社会制度、经济基础、武装力量和苏联共产党与政府的一次严峻考验。1946 年 2 月，斯大林在莫斯科市斯大林选区选举前的选民大会演说中，总结反法西斯战争的经验时指出："这次战争并不只是一件可诅咒的事情。它同时又是考验和检查人民一切力量的伟大学校。这次战争暴露了后方和前线的一切真情实况，无情地揭掉了遮住各个国家、各国政府以及各个政党真面目的种种掩盖物，使它们不戴面具、毫无粉饰地登上舞台，显露出它们的所有短处和长处。这次战争可以说是对我们苏维埃制度，对我们国家，对我们政府以及对我们共产党举行了一次考试，对他们的工作做了一个总结，好象是对我们说：看吧，这就是你们的人和组织，这就是他们的活动和经历，——请仔细查看查看他们，并按他们的所作所为给以报偿吧。"②

苏联共产党领导苏联人民在第二次世界大战这样史无前例的战争中争得了有全世界历史意义的胜利，经受住了考验。

（一）社会主义制度是社会主义国家赢得自卫战争胜利的力量源泉

斯大林认为，苏联赢得反法西斯战争的胜利，从苏联国家内部的力量状况和发展来看，获得胜利的是苏联的社会主义制度，战争表明社会主义制度是有充分生命力和稳固的社会组织形式。③ 斯大林提出，十月革命所产生的社会主义制度，给了俄国人民和俄国军队以不可战胜的伟大力量。尽管苏维埃国家担负着战争的重担，尽管德军暂时占领了俄国经济上极重要的广大地区，然而苏维埃国家在战争进程中，对前线的武器和弹药的供应并没有减少，而且是一年比一年增加，技术兵器的质量要比敌人的优良；正像红军在单独进行的长期的艰苦的斗争中，在军事上战胜了法西斯军队一样，苏联后

---

① 《斯大林文集》，人民出版社 1985 年版，第 395 页。

② 《斯大林文集》，人民出版社 1985 年版，第 474 页。

③ 《斯大林选集》（下），人民出版社 1979 年版，第 491 页。

方的劳动者，在同希特勒德国及其帮凶进行的单独战斗中，也在经济上战胜了敌人；苏联人放弃了许多必需的东西，自觉地忍受物质上的严重困难，以便给前线更多的东西；这次战争中空前未有的困难不但没有摧毁，反而更好地锤炼了苏联人民的钢铁意志和英勇精神；苏联人民理应赢得英雄人民的荣誉；战争的教训证明，苏维埃制度不仅是和平建设年代组织国家经济文化高涨的最好形式，而且也是战争时期动员人民的全部力量回击敌人的最好形式；26 年前创立的苏维埃政权，在短短的历史时期内就把苏联变成了不可摧毁的堡垒；社会主义制度是社会主义国家赢得自卫战争胜利的力量源泉，苏维埃社会制度是比任何一种非苏维埃社会制度更优越的社会组织形式。[①]

斯大林认为，获得胜利的是苏联多民族的苏维埃国家制度，它在战争期间更加巩固了。因为俄国这个多民族国家并不是在挑起民族间的猜忌和敌视的那种资产阶级制度基础上生长起来的，而是在苏维埃制度基础上生长起来的。苏维埃制度和资产阶级制度相反，它培植着俄国各族人民相互友爱和兄弟般合作的感情。[②]

（二）社会主义经济制度是战胜先进帝国主义侵略的经济基础

斯大林认为，资本主义的世界经济体系包含着总危机和军事冲突的因素，处在这个体系中的社会主义国家必须事先做好积极防御的经济准备，而且这种准备不是在一个很短的期间内就能做好的。苏联在参加第二次世界大战的前夜，已经拥有了满足战争所绝对必需的物质条件，党是依靠苏维埃的国家工业化政策和农业集体化政策创造这些物质条件的。

斯大林指出，苏联共产党是在一个技术和经济非常落后的国家内取得政权的，周围许多资本主义国家都拥有比它发达得多的现代化工业技术，这种

---

① 参见《斯大林文集》，人民出版社 1985 年版，第 425、395 页；《斯大林选集》（下），人民出版社 1979 年版，第 492 页。

② 《斯大林选集》（下），人民出版社 1979 年版，第 492 页。

落后是沙皇俄国的全部历史遗留下来的。[①]

沙皇俄国走上资本主义发展道路晚于欧美主要资本主义国家，1861 年俄国的农奴制改革"标志着从农奴制时代中成长起来的资产阶级的新俄国的开端"[②]。此后，资本主义在俄国得到迅速发展，在40 年内工业产量增加了6 倍，20 世纪最初十年俄国进入了它的帝国主义发展阶段。但是，到第一次世界大战前的 1913 年，沙皇俄国仍是一个农业国，工农业总产值中工业产值只占 42.1%，农业占 57.9%。沙皇俄国的经济与各主要资本主义国家仍有很大差距，工业总产值仅及美国工业总产值的 6.9%，德国的 17.2%，英国的 22%，法国的 40.3%，位居世界第五位。俄国的工业产品在世界工业产量中所占比重仅有 2.6%。沙皇俄国以这样的经济基础参加第一次世界大战，很快就转化为军事上的虚弱。

四年帝国主义战争和三年国内战争使俄罗斯大地满目疮痍。当 1921 年新生的苏维埃共和国战胜了内外敌人的武装干涉和叛乱，取得国内战争胜利时，却面临着十分严峻的经济形势。连年战争严重破坏了俄国经济，工厂停工，工业生产极度萎缩，铁路运输陷于瘫痪，土地荒芜，国民经济濒临崩溃，饥荒、瘟疫接踵而来，政治局面也极不稳定。1920 年苏维埃国家的工业产值仅为战前的 13.8%，粮食产量只有 1913 年的一半，恢复工农业生产的任务艰巨地摆在苏联共产党和苏维埃政府的面前。面对严峻的形势，苏维埃政权通过实行新经济政策，到 1926 年工农业生产基本恢复到战前水平。

苏联历史性的转变是从 1928 年第一个五年计划开始的，在三个五年计划期间建起了 8900 个新工业企业，建立了汽车、拖拉机、航空、电机和无线电等一些新兴工业部门，形成了较为完备的工业体系，使国家由落后的农业国变为强大的社会主义工业国。1937 年苏联的工农业总产值中，工业产值的比例已由战前的 42.1% 提高到 77.4%。1940 年，苏联工业总产值比

---

① 《斯大林选集》（下），人民出版社 1979 年版，第 77—82 页。

② 《列宁全集》第 20 卷，人民出版社 1989 年版，第 173—174 页。

1913 年增加了 6 倍多，由占世界工业总产值的 2.6% 上升到 10%，工业生产水平超过法国、英国和德国，跃居欧洲第一，世界第二，而这些仅仅用了 13 年时间。苏联社会主义工业化的成就，成为苏联在第二次世界大战中可以用来进行战争的经济基础。斯大林指出："正是这三个五年计划帮助我们创造了这些物质条件。无论如何，在第二次世界大战前夜，在 1940 年，我国在这方面的情形比第一次世界大战前夜，比 1913 年要好几倍。"[1]

国内战争胜利后，苏联处于资本主义国家的包围中，帝国主义的战争威胁并没有消失。列宁早在十月革命的前夜就指出，战争是铁面无情的，它严酷地尖锐地提出问题：要么是灭亡，要么是在经济方面也赶上并且超过先进国家。这是可能的，因为在俄国面前摆着许多先进国家的现成经验以及它们在技术和文化方面的现成成就；要么是灭亡，要么是开足马力奋勇前进，历史就是这样提出问题的。[2] 在经济方面赶上并超过先进国家成为新生苏维埃国家发展的生死存亡问题。

斯大林认为，苏联发展经济不能撇开外部和内部环境，资本主义国家的包围对苏联有着严重的威胁，如果不能为国防建立足够的工业基础，就不可能保卫住国家的独立。[3] 斯大林说，人们从旧时代所得到的遗产，是一个技术落后的、近于赤贫的和遭到战争破坏的国家，人们的任务是要把这个国家从中世纪和愚昧无知的轨道转到现代化工业和机械化农业的轨道上去，任务是严重而困难的。或者是人们在最短期间解决这个任务并在苏联把社会主义巩固起来，或者是人们不能解决这个任务，那时这个技术薄弱和文化落后的国家就会丧失自己的独立，而变成帝国主义列强的玩物。外部环境没有给苏联可能在"平静"的情况下用比较缓慢的速度发展工业的机会，迫使苏联要用高速度发展国家的工业，这不是由于党的领导人性情急躁，而是外部环境的迫使。因此，苏维埃国家工业化的方法，不能走资本主义国家从轻工业开

---

① 《斯大林选集》（下），人民出版社 1979 年版，第 494 页。

② 《列宁选集》第 3 卷，人民出版社 1984 年版，第 271 页。

③ 《斯大林选集》（下），人民出版社 1979 年版，第 77、78 页。

始的工业化老路，那是一个需要数十年之久的长期过程。党知道战争日益逼近，没有重工业就无法保卫国家，必须赶快着手发展重工业，如果这件事做迟了，那就要失败。①斯大林说："党记住了列宁的话：没有重工业，便无法保持国家的独立；没有重工业，苏维埃制度就会灭亡。因此我国共产党也就拒绝了'通常的'工业化道路，而从发展重工业开始来实现国家工业化。这件事是非常困难的，但是，是可以克服的"；"如果不这样做，就无法在这样短的期间把我国变成工业国。"②

斯大林认为，俄国的农业、农业技术和农业文化过分落后，而这种落后、分散的小农业生产在新生的苏维埃国家还占绝对优势；农业是工业发展的基础，如果让农业仍然处于技术十分落后的状态，不保证工业有农业基础，不改造农业，不使农业跟上工业，那就不能把工业推向前进。工业是一把钥匙，用这把钥匙就能在集体制的基础上改造落后的分散的农业。为了消灭农业方面的落后状况，必须由小农经济过渡到大经济，因为只有大经济才能采用新技术，利用农艺上的一切成就，并提供更多的商品产品。但是，大经济有两种，一种是资本主义的，另一种是集体的，共产党绝不能走上资本主义的农业发展道路，要走农业集体化的道路，走上把农户联合为集体农庄，以扩大农业规模的道路。如果不实行集体化政策，苏联就不能在这样短的时期内消灭国内农业历来落后的状况。③

（三）苏联人民对苏联共产党和政府的信任是取得历史性的胜利的决定性力量

斯大林指出，无论是在和平建设年代还是战争时期，苏联人民的领导力量和指导力量都是列宁的党——布尔什维克党。在卫国战争时期，党又是我们反对法西斯侵略者的全民斗争的鼓舞者和组织者。党的组织工作把苏联人

---

① 《斯大林选集》（下），人民出版社 1979 年版，第 368、77、496 页。
② 《斯大林选集》（下），人民出版社 1979 年版，第 496 页。
③ 《斯大林选集》（下），人民出版社 1979 年版，第 81、496—497 页。

的一切努力联合在一起，指向一个共同的目标，使一切人力和物力都服从于粉碎敌人的事业。战争能够帮助人们迅速和客观地评价党及其人物的活动，并作出正确的结论。反法西斯战争本身已经检查了苏联共产党各个组织和领导人的工作并且作出了总结。① 苏联共产党和政府的组织力量经受住战争检验。

斯大林指出，单有人力资源和物质资源的优势，还不足以获得胜利，因为常有这样的情形，资源很多，但是使用得极不得当，使优势等于零；很明显除了资源以外，还必须有善于动员这些资源的能力和正确运用这些资源的本领。②

苏联共产党和政府正确地利用了战前造成的物质条件，发展军工生产并供给红军必需的装备，做得极有成效。斯大林指出，除了战争的第一年，当时工业由于往东撤退而阻碍了军工生产的发展，党在战争其余三年中所取得的成绩，使它不仅能供给前线足够数量的火炮、机枪、步枪、飞机、坦克和弹药，而且还有了储备。同时，红军的装备在质量上，不仅不亚于德国，而且一般说来，甚至超过了它。红军的粮食和军服的供给，前线在这方面不仅一点也不缺乏，甚至还有必要的储备。③ 斯大林说："如果没有人民的支援，没有苏联人在工厂、矿山、运输部门和农业部门的忘我劳动，红军的胜利是不可能的。苏联人民在困难的战争条件下，保证自己的军队获得了一切最基本的必需品，不断改进了他们的技术兵器。在整个战争期间，敌人在武器的质量方面从来没有能够超过我军。同时，我国工业给前线生产的技术兵器的数量也愈来愈多"；"红军依靠全民的支援，源源不断地得到了武器装备，向敌人倾泻了千百万颗炸弹和炮弹，把成千上万的坦克和飞机投入了战斗。完全有理由说，苏联人在后方的忘我的劳动，将同红军的英勇斗争一样，作为

① 参见《斯大林文集》，人民出版社1985年版，第394页；《斯大林选集》（下），人民出版社1979年版，第490页。
② 《斯大林文集》，人民出版社1985年版，第344页。
③ 《斯大林选集》（下），人民出版社1979年版，第497—498页。

人民在保卫祖国中的史无前例的功勋载入史册。"①

斯大林说:"我国政府犯过不少错误,我们在 1941—1942 年曾经历过危急万分的关头,那时我军实行退却,离开了我们亲爱的乌克兰、白俄罗斯、摩尔达维亚、列宁格勒州、波罗的海沿岸、卡累利阿—芬兰共和国的乡村和城市,那时离开这些地方,是因为没有别的出路。如只是旁的人民,他们也许会对政府说:你们辜负了我们的期望,请走开吧,我们要另立一个能同德国媾和和并保障我们的安宁的政府。但是俄罗斯人民没有这样做,因为他们相信自己政府的政策正确,而甘愿承受牺牲,以保证把德国击溃。俄罗斯人民对苏联政府的这种信任,成了我们打败人类公敌法西斯主义而取得历史性的胜利的决定性力量。"②

四、战争的命运是由后方的巩固和军队的士气、数质量、装备与组织指挥能力这些经常起作用的因素决定的

斯大林认为,现在战争的命运不会由突然性这种偶然因素来决定,而要由那些经常起作用的因素——后方的巩固性,军队的士气,师的数量和质量,军队的装备,军队指挥人员的组织能力来决定。③

斯大林指出,在反法西斯战争中,如果没有苏联各族人民在物质上和精神上的支援,红军是不可能战胜敌人的,苏联后方协调一致的工作使红军的力量增强了许多倍。苏联工人、集体农庄庄员和知识分子光荣地履行了自己对祖国的职责,从后方忘我地支援红军,英勇地克服战时的困难,在大批地生产武器、弹药、军服、粮食和及时将其运到红军前线的事业中,取得了决定意义的成功,在战争中建立了伟大的劳动功勋。如果没有全苏联人民从后方对红军的支援,那么红军的胜利可能就不巩固,受到敌人的严重回击就

---

① 《斯大林文集》,人民出版社 1985 年版,第 392 页。
② 《斯大林文集》,人民出版社 1985 年版,第 459—460 页。
③ 《斯大林文集》,人民出版社 1985 年版,第 321 页。

能化为乌有。苏联人民忘我地为前线工作，以刚毅精神忍受战时的一切困难，鼓舞红军军人去建立战斗功勋。①

斯大林还指出，苏维埃武装力量获得反法西斯战争的胜利，是因为它是真正的人民军队，它保卫人民的利益，以英雄的气概经受了战争的一切艰难困苦。战争表明，红军是拥有完全现代化的装备、非常老练的指挥人员以及优良的精神素质和战斗素质的现代头等军队。正是红军彻底粉碎了不久前还使欧洲各国军队胆战心寒的德国军队。②

斯大林说，红军进行的不是掠夺性的、帝国主义的战争，而是解放的、正义的卫国战争。正是由于这个原因，所以在卫国战争中，涌现出成千成万为祖国的自由誓死奋战的英雄，红军的力量就在于此③。其次，红军所以取得胜利还因为有共产党对它的关怀和教育，战斗力主要是建立在军人的高度觉悟和对军人的政治教育基础上的严格的军纪，这是一个极重要的条件。④

斯大林说，红军的胜利是由于苏联统帅部的正确的战略和战术，是由于红军战士和指挥员的高度士气和进攻热潮，是由于红军具有第一流的苏联军事技术的优良装备，是由于红军作战艺术和训练的提高。但是，红军在战争的第一个时期，自然还没有而且也不可能有这样的作战经验；经过二十个月，红军在战争进程中已变成了基干军队，几百万红军战士成了熟悉手中武器的能手，数以万计的红军指挥员成了统率军队的能手，学会了在战场上巧妙地指挥军队，按照现代军事科学的要求准确打击敌人的本领，战争使红军已获得了丰富的作战经验。苏军在伟大卫国战争中的辉煌胜利，表明红军有强大的威力和高超的作战艺术。⑤

---

① 参见《斯大林军事文集》，第395—396页；《斯大林文选》，人民出版社1962年版，第403—404、382—383、396页。

② 《斯大林选集》（下），人民出版社1979年版，第492—493页。

③ 《斯大林文集》，中文1984年版，第321页。

④ 《斯大林军事文集》，第396页；《斯大林选集》（下），人民出版社1979年版，第485页。

⑤ 《斯大林文集》，中文1984年版，第382、336、343、420页。

五、战争中各方所达到的实际力量，决定实现和平的条件

列宁指出，战争中各方所达到的实际力量，决定着实现和平的条件。列宁说："一切战争都不过是各交战国及其统治阶级战前多年内、有时是几十年内所推行的政治通过暴力手段的继续；同样，结束任何一场战争的和平，也只能是在这场战争的进程和结果中所达到的实际力量变化的记录和记载。"①

第四节　关于战争与和平斗争形势的变换

马克思主义经典作家认为无产阶级反对资产阶级的斗争形式是不断变化的，无产阶级必须掌握一切斗争形式。

一、无产阶级的武装与和平斗争形式是随着发展的条件改变的，党的任务是掌握一切斗争形式

马克思、恩格斯指出，从原始土地公有制解体以来，至今一切社会的历史都是在阶级对立中运动的，而这种对立在不同的时代具有不同的形式，所反映的不过是更深刻的经济生活条件的对抗。

列宁和斯大林指出，无产阶级反对资产阶级的斗争形式是不断变化的，其武装的与和平的斗争形式是随着发展的条件改变的，在世界经济、政治的帝国主义联系和相互关系这个同一基础上，形成和平的斗争形式和非和平的斗争形式的彼此交替。② 无产阶级政党的任务是掌握一切斗争形式③，暴力的、

---

① 《列宁全集》第 27 卷，人民出版社 1990 年版，第 294 页。

② 参见列宁：《第二国际的破产》，《列宁全集》第 26 卷，人民出版社 1988 年版；《列宁全集》第 27 卷，人民出版社 1990 年版，第 431 页。

③ 《斯大林全集》第 5 卷，人民出版社 1957 年版，第 139 页。

和平的，把它们配合起来，运用到最适合的情况中。① 他们认为，由于革命总是比政党事先的预想更富有内容、更形式多样和"更难以捉摸"，因此无产阶级必须掌握一切斗争形式。

（一）在考察斗争形式问题时应当遵循两个基本原理

列宁认为，无产阶级反对资产阶级的斗争在确定其形式时，应当遵循马克思主义的两个基本原理：第一，承认和绝不拒绝各种各样的斗争形式，不把运动限于某一种固定的斗争形式，并且不是"臆造"这些形式，而只是对运动进程中自然产生的革命阶级的斗争形式加以概括、组织，使其带有自觉性，在这方面是向群众的实践学习。第二，不能脱离历史的具体环境来谈斗争形式问题，在经济演进的各个不同时期，由于政治、民族文化、风俗习惯等等条件各不相同，也就有各种不同的斗争形式提到首位，成为主要的斗争方式，而各种次要的附带的斗争形式也随之发生变化。②

（二）无产阶级应根据社会发展的客观阶段及变化选择斗争形式

马克思主义经典作家指出，斗争形式的改变取决于经济、军事等情况和各个阶级、国与国之间的对比关系的变化。③ 无产阶级政党应该根据对群众力量和阶级对比关系的精确估计来决定哪种斗争形式是恰当的，必须使自己的策略具有最大的灵活性，会通过各种各样的形式为自己开辟道路，用一种斗争形式去代替或补充另一种斗争形式。④

列宁认为，夸大革命的作用是危险的，必须清醒地考虑恰当与有效运用

---

① 《列宁全集》第 39 卷，人民出版社 1986 年版。
② 《列宁全集》第 14 卷，人民出版社 1988 年版，第 1—2 页。
③ 《斯大林全集》第 5 卷，人民出版社 1957 年版，第 139 页。
④ 参见《列宁全集》第 33 卷，人民出版社 1985 年版，第 359 页；《列宁全集》第 39 卷，人民出版社 1986 年版，第 81、83 页。

革命方法的限度和条件，权衡在什么时候、什么情况下、什么活动领域能采用革命的行动，或者改用改良主义的行动。

二、无产阶级争取和平的斗争要同无产阶级的革命阶级斗争联系起来

列宁认为，无产阶级反对资产阶级的斗争不应当是单纯以和平来代替战争，而应当是以社会主义来代替资本主义。

第一，无产阶级坚决反对帝国主义战争，但不是反对一切战争。

第二，无产阶级不能仅仅要求和平，不能提出"不管什么样的和平"的口号，因为在资产阶级统治下，绝对不可能有民主的和公正的和平，而只能是帝国主义大国之间或长或短的休战；真正的马克思主义者，要把争取和平的斗争同无产阶级反对资产阶级的革命斗争联系起来，而不是重复一般的、空洞的、不负责任的、甜蜜的和平主义词句。

第三，只有建立社会主义制度，消灭私有制和阶级，才能使人类摆脱战争实现持久和平。不建立社会主义，就不可能消灭阶级、消灭战争。"人对人的剥削一消灭，民族对民族的剥削就会随之消灭。民族内部的阶级对立一消失，民族之间的敌对关系就会随之消失"[①]，"全世界工人阶级的联合终究会根绝一切战争。"[②]

列宁说，以为社会主义革命在一国或几个国家取得胜利，就能一下子根本排除一切战争，那是和平主义的幻想。

---

① 《马克思恩格斯选集》第 1 卷，人民出版社 1995 年版，第 291 页。
② 《马克思恩格斯选集》第 3 卷，人民出版社 1995 年版，第 19 页。

三、社会主义革命是与资产阶级在各种不同战线上进行的一系列会战

列宁认为，不能把社会主义革命看作只是一条战线上的一次战斗，在帝国主义时代，资产阶级与无产阶级、帝国主义对社会主义，将在所有战线上即在所有经济和政治问题（包括民族问题）上进行一系列会战，全部会战加在一起也就导致推翻资产阶级，实现无产阶级专政，确立彻底的民主制，建立社会主义社会。这个革命将是充满尖锐的阶级斗争和各种各样的社会动荡的整整一个时代。

（一）社会主义革命在流血的战线上获胜后，还要与资本主义在不流血的战线上较量

1920 年苏维埃俄国刚刚粉碎外国武装干涉和赢得国内战争的胜利，列宁就提出，社会主义与资本主义的战争在流血的战线上获得胜利以后，国际资本主义改变了对社会主义国家战争的战线和形式，把战争转入一个新的领域，转向经济战争。进行这种战争反对社会主义的仍旧是资本主义世界的旧代表、旧奴仆和旧领袖，他们努力学习怎样联合起来，采取更坚决的进攻反对社会主义，想把和平的经济建设变成对社会主义国家的和平瓦解。这是一场比在流血的战线上较量更困难、更艰巨的战争，社会主义还要在不流血的战线上获得胜利，这是一个被革命有力证实的规律。

（二）社会主义与资本主义在经济战线的较量也是一场不能作丝毫让步的战争

列宁认为，社会主义和资本主义这两种经济的较量也是一场不能作丝毫让步的战争，这里仍然是战争关系。由流血的战争转到不流血的战争，对社会主义国家在各方面都有利，对和平还有某些间接的保障。

列宁说，不能幻想"社会主义的牛犊和资本主义的豺狼"能互相拥

抱，资本家的存在本身就是对周围社会主义的战争。只要资本比社会主义国家强大得多，那它随时都能重新对社会主义开战。无产阶级不能幻想光凭武力来打败世界资产阶级，暴力的作用是有限的。从国际的、彻底战胜资本主义的观点来看，社会主义变革最重要的任务：第一是用革命力量来推翻剥削者；第二是担负起建设任务，建立新的经济关系，社会主义必须实际地用榜样来表明共产主义的意义；这两个方面是分不开的，如果完不成第二个任务，那么在推翻剥削者和用武力来抗击国际帝国主义者的事业中的任何成就、任何胜利就会付诸东流，旧制度的复辟就会不可避免。

（三）租让不过是战争以新的形式在经济方面的继续

列宁认为，当社会主义国家在经济上还极其薄弱的时候，要加速经济发展就要利用资产阶级的资本，这些资本对社会主义国家有利，但包含着新的困难和新的危险，绝不能对其在一个落后国家会引起的危险视而不见。

列宁说，如果把资本主义基础上的租让合同看作是同资本家订立的媾和条约，那就大错而特错了，租让并不是和平，这是开战的条约，是战争以新的形式在经济方面的继续；苏维埃俄国实行租让政策是出于维持和捍卫一个被资本主义强大敌人包围、孤立的社会主义国家的生存，从而使敌人无法联合起来反对俄国，获得俄国恢复经济所必需的工具和资金。一旦得到这些东西，俄国就会牢牢地站立起来。但是，租让是有一定风险和损失的，保持私有制和剥削关系的资本家在社会主义国家内部是一种异物，它将带来资本主义的习气和腐蚀，由此便产生了租让不过是战争以另一种形式的继续。俄国一定会保护住自己的利益，把这种危险减少到最低限度，绝不让资本家政权复辟。党内同志对租让政策的本能的恐惧，是一种有益和健康的恐惧，要把这种恐惧变成一种推动我们在经济战争中取得胜利的动力。

（四）社会主义国家只要处在资本主义国家的包围中，就有受到武装干涉和复辟资本主义制度的危险

列宁和斯大林认为，一个处于资本主义包围中的社会主义国家，不能认为自己已有充分的保证来摆脱帝国主义的武装侵犯和资产阶级试图复辟资本主义的企图。对社会主义国家，资本主义国家在等待时机来进攻和粉碎它，或者至少破坏它的实力和削弱它。就完全保证防止资产阶级关系的复辟而言，社会主义的最终胜利只有在国际范围内才是可能的。

第五节　关于战争与和平的时代背景

马克思、恩格斯进行理论与革命实践活动时，是资本主义在欧洲主要国家迅速发展的时代，他们研究了这个时期及其以前各个时代的战争与和平问题，奠定了马克思主义的战争与和平问题学说的基础。列宁和斯大林所处的时代，自由竞争的资本主义已经发展到帝国主义阶段，并引发了两次世界大战。他们研究和揭示了这个时期战争与和平的时代背景，提出了新的理论，丰富和发展了马克思主义的战争与和平问题学说。

一、20 世纪初是旧资本主义到新资本主义（帝国主义）的转折点

列宁指出，帝国主义有一个从萌芽状态生长为统治体系的过程；19 世纪60—70 年代自由竞争发展到最高阶段，这时资本主义垄断组织还只是一种不明显的萌芽。帝国主义，作为美洲和欧洲然后是亚洲的资本主义的最高阶段，截至 1898—1914 年这一时期已完全形成，资本主义转化为帝国主义。

列宁给帝国主义下了一个尽量确切和完备的定义："帝国主义是资本主义的特殊历史阶段。这个特点分三个方面：（1）帝国主义是垄断的资本主义；（2）帝国主义是寄生的或腐朽的资本主义；（3）帝国主义是垂死的资本主义。

垄断代替自由竞争，是帝国主义的根本经济特征，是帝国主义的实质。"

（一）帝国主义时代是金融资本和垄断组织的时代

列宁认为，从竞争到垄断的转变，是帝国主义经济中最重要的现象之一。帝国主义最深厚的经济基础是垄断，即最大企业家的垄断同盟的统治（不是工业资本而是金融资本的统治）。金融资本就是和工业家垄断同盟的资本融合起来的少数垄断性的最大银行的银行资本。在金融资本时代，私人垄断组织和国家垄断组织交织在一起，都是最大的垄断者之间为瓜分世界而进行的帝国主义斗争中的一些环节。从自由竞争中生长起来的垄断并不消除自由竞争，而是凌驾于这种竞争之上，与之并存，因而产生许多特别尖锐特别剧烈的矛盾、摩擦和冲突。这个时代将延续多久，无法断言，垄断是从资本主义到更高级的制度的过渡。

（二）帝国主义时期发展的不平衡规律，均衡化是帝国主义时期发展不平衡加强的条件之一

列宁和斯大林认为，在帝国主义阶段，资本主义的发展在不同的国家有不同的速度、不同的情况和不同的方式方法。资本主义的平稳进化已为资本主义的跳跃式、剧变式的发展所代替。

列宁认为，帝国主义是寄生的或腐朽的资本主义，愈来愈靠输出资本和"剪息票"为生，这是帝国主义的趋势之一。但如果以为这一腐朽趋势排除了资本主义的迅速发展，那就错了。在帝国主义时代，整个说来资本主义的发展比从前要快得多，这种发展不仅一般地更不平衡了，而且这种不平衡还特别表现在某些资本最雄厚的国家的腐朽上面。

斯大林认为，帝国主义时期资本主义各个国家发展水平上的差别无疑是在缩小，均衡化是在上升。各个国家的发展并不是按照既定的次序，一个国家始终走在前面，其他国家依次跟在后面发展，而是一些国家通过跳跃式的发展超过另一些国家。均衡化是帝国主义时期发展不平衡加强的条件之一，

帝国主义是垂死的资本主义，这不是说资本主义已经死亡了，而是说整个资本主义不是走向复兴而是走向衰亡，整个资本主义不是向上发展而是向下没落。

（三）金融资本是一种存在于一切经济关系和一切国际关系中并起决定作用的力量

列宁认为，金融资本存在于一切经济关系和一切国际关系中，是一种起决定作用的力量，它甚至能够支配一些政治上完全独立的国家。为了垄断一切，不仅要从本国市场同时还要从国外市场上把竞争者排除掉，手段就是使竞争者在金融上处于依附地位。一国的大金融资本可以把政治上独立的别国的竞争者的一切收买过去，实现不带政治"兼并"的经济"兼并"。帝国主义依靠金融联系和经济利益，通过与政治上独立的小国建立联盟的形式实现战争中的军事"合作"。

（四）资本输出是帝国主义压迫和剥削世界多数民族和国家的坚实基础

列宁指出，资本输出是帝国主义最重要的经济基础之一，是其压迫和剥削世界上大多数民族和国家的坚实基础，也是极少数最富国家的资本主义寄生性的坚实基础。在自由竞争占完全统治地位的旧资本主义，典型的是商品输出，而对垄断占统治地位的最新资本主义来说，典型的则是资本输出，资本输出成了鼓励商品输出的手段。资本家将资本输出国外、输出到落后的国家，是为了提高利润。随着资本输出的增加和最大垄断同盟的国外联系、殖民地联系和"势力范围"的极力扩大，这些垄断同盟就"自然地"走向达成世界性的协议，形成国际卡特尔。资本输出的利益推动人们去夺取殖民地，巩固相应的"联系"。在金融资本的基础上生长起来的上层建筑——金融资本的政策和意识形态，加强了夺取殖民地的趋向。资本输出大大加速了那些输入资本的国家的资本主义发展，引起输出国发展上的一些停滞，但会以扩大和加深资本主义在全世界的进一步发展作为补偿。

斯大林认为，现代垄断资本主义所要求的不是平均利润，而是最大限度的利润，这是现代资本主义的基本经济规律，最大限度的利润是垄断资本主义的发动力。

（五）帝国主义是少数"先进"国家对世界上绝大多数居民实行金融奴役和殖民压迫的世界体系

列宁和斯大林认为，资本主义向垄断（金融）资本主义阶段的过渡，是同瓜分世界的斗争的尖锐化联系的。资本主义的发展使社会生产力和资本的规模业已超出单个民族国家的狭隘范围，这促使大国竭力去奴役其他民族，去抢夺殖民地作为原料来源和资本输出场所，垄断组织在一切地方用一切办法为自己开辟道路。垄断前的资本主义在 19 世纪 60—70 年代发展到顶点，正是在这个时期以后，开始了夺取殖民地的大"高潮"，瓜分世界领土的斗争达到了极其尖锐的程度。帝国主义时代，整个世界已经分成两部分，一部分是为数众多的被压迫民族，另一部分是少数几个拥有巨量财富和强大军事实力的压迫民族，世界人口的大多数属于被压迫民族。资本主义已成为极少数"先进"国家对世界上绝大多数居民实行金融奴役和殖民压迫的世界体系，使各个民族的经济和领土成为世界经济的整个链条的各个环节。世界上几个最大的资本主义强国，几十年来的全部政治就是不断地进行经济竞争，以求统治全世界，扼杀弱小民族，保证势力范围已囊括全世界的本国银行资本获得三倍和十倍的利润。

（六）帝国主义时代，资本主义垄断组织互相斗争的内容是按实力来瓜分世界

列宁和斯大林认为，在帝国主义时代，资本主义垄断组织互相斗争的内容是以瓜分者的整个经济、金融、军事等等的实力为根据，来瓜分势力范围、利益和世界。在资本主义制度下，除此外不可能有别的根据。瓜分者的

实力则是随着资本主义各国经济和政治发展的不平衡而变化的。金融资本和托拉斯不是削弱而是加强了世界经济各个部分在发展速度上的差异，使各国的实力对比发生着变化。实力的变化使那些已经抢得领土的国家和那些希望得到自己的"份额"的国家为重新瓜分世界冲突起来，再要瓜分就只能损害别人；这样的问题在这个资本家的世界里是不能自愿解决的，只能用战争来解决，这使帝国主义国家的军事冲突成为必然的事情；帝国主义国家除了用实力来解决矛盾，除了工业中的危机和政治中的战争以外，没有别的办法可以恢复遭到破坏的均势。

斯大林认为，资本主义国家发展水平的差别在减小，落后国家在加速自己的发展并和先进国家取得均衡，造成一些国家超过另一些国家并把它们从市场中排挤出去的可能，这使各帝国主义国家之间争夺销售市场、原料和输出资本的斗争尖锐化起来，从而为军事冲突创造了前提。斗争的手段是：关税政策，廉价商品，低息贷款，重新部署力量和建立新的军事政治联盟，扩充军备和准备新的帝国主义战争，最后，发动战争。

（七）现代帝国主义战争是由资本主义发展到最高阶段的时代条件造成的

列宁认为，不能把这场帝国主义世界战争的爆发归罪于某些个人，这并非由于资本家居心不良，也不是君主们推行了什么错误的政策，这样看问题是不对的；帝国主义世界大战是由帝国主义时代各种关系的总和所产生和培育的；罪过在于半个世纪以来资本主义的全部发展，在于他们建立了这样一个制度；争夺市场、掠夺其他国家、称霸世界是帝国主义战争的真正内容和作用。列宁和斯大林认为，现代帝国主义战争是由大资本主义尤其是银行资本主义的发展引起的，战争危险源于帝国主义的掠夺现象。

列宁和斯大林指出，帝国主义战争使帝国主义付出沉重代价，使称霸世界的强国减少。列宁说，第一次帝国主义世界大战，根本破坏了一切旧的经济关系和旧秩序一向赖以维持的全部生活条件，战后一切照旧是绝不可能了。1926 年，斯大林说，第一次帝国主义世界大战是重新瓜分世界的初次尝试，这次尝试使资本主义付出了俄国革命胜利与帝国主义在殖民地和附属国内的基础破坏的代价，继第一次尝试之后必有第二次尝试，第二次尝试将使世界资本主义付出比第一次大得多的代价。1952 年斯大林又说，第二次世界大战使两个资本主义同盟争夺世界霸权的指望落空了，中国和欧洲各人民民主国家脱离了资本主义体系，和苏联一起形成了与资本主义阵营相对立的社会主义阵营。

二、第一次帝国主义世界大战开创了社会革命的新纪元

恩格斯曾预见到欧洲各国的大战可能导致社会主义的加速胜利。列宁认为，第一次帝国主义世界大战开创了一个社会革命的新纪元，把无产阶级的群众革命斗争提到日程上来，使目前所达到的资本主义发展阶段成为无产阶级社会主义革命的时代。

(一) 社会革命的发生是指一个时代，其间有各种性质的革命运动和战争

列宁认为，社会革命的发生只能是指一个时代，之所以称为时代，就是因为它包括所有的各种各样的现象和战争，其中包括帝国主义战争，各先进国家无产阶级同资产阶级的国内战争，二者相互交织的战争，不发达的、落后的和被压迫的民族所掀起的一系列民主的、革命的运动（包括民族解放运动），保卫和巩固无产阶级政权的战争。在由资本主义向社会主义过渡时期，暴力将必然伴随着整个资本主义的彻底崩溃和社会主义社会的诞生，这个时代还仅仅是开始，过渡到社会主义还要经过多少阶段是不可能事先知道的；时代的客观现实除了高度发达的资本主义民族，还有许多在经济上不那么发达和完全不发达的民族，应该从不同国家在经济上的成熟程度来考虑社会革命的客观条件。

列宁和斯大林认为，在帝国主义时代，殖民地和半殖民地反对帝国主义的民族战争是不可避免的，这是民族解放政治的继续，是进步的、革命的；这个运动不能不引起全世界资本主义的危机，要把被压迫民族的解放和无产阶级革命结合成一条反对帝国主义的共同的战线。

（二）无产阶级革命是帝国主义世界体系各种矛盾发展的结果

列宁认为，帝国主义创造了能够实现社会主义的一切条件，实现社会主义的客观条件已经完全成熟。受到帝国主义掠夺、瓜分和扼杀威胁的国家易于发生深刻的革命运动；反之，那些对其他国家进行帝国主义掠夺、从而使本国很大一部分（比较而言）居民成为帝国主义分赃的参与者的国家难以发生深刻的革命运动。

斯大林认为，马克思和恩格斯所处的时代还没有发达的帝国主义，无产阶级革命还不是必不可免的直接实践问题。在帝国主义时代，直接冲击资本主义的条件已经形成，无产阶级革命已经成为直接实践的问题。

斯大林说，只把无产阶级革命看作纯粹是某一个国家内部发展的结果的观点已经不够了，首先应当把无产阶级革命看作帝国主义世界体系中各种矛盾发展的结果，看作世界帝国主义战线的链条在某个国家内破裂的结果。从前通常根据某一个国家的经济状况去分析无产阶级革命的前提这种看法已经不够了，现在必须根据一切国家或多数国家的经济状况，根据世界经济状况来观察这个问题。在世界帝国主义经济这一整个体系已经成熟到发生革命的程度时，这个体系中存在着工业不够发达的国家并不能成为革命的不可克服的障碍。

（三）帝国主义战争客观上必然加剧无产阶级反对资产阶级的阶级斗争，引起革命运动

列宁认为，帝国主义世界大战使潜伏于深处的一切资本主义矛盾空前尖锐化和表面化，造成了最尖锐的经济和政治危机，使人民群众处于最

坏的、最悲惨和最痛苦的状态，以空前未有的惨祸震动和唤醒了他们，大大加剧了群众的不满和愤慨，激起了革命情绪，这是产生革命风潮的根源，从中必然产生和培育反对民族压迫斗争的政治和无产阶级反对资产阶级斗争的政治，客观上必然要异常加速和空前加剧无产阶级反对资产阶级的阶级斗争，必然要转变为各敌对阶级间的国内战争。战争对整个帝国主义来说是一个危机时期，在殖民地引起革命的民族起义和战争，在欧洲导致了无产阶级革命。斯大林认为，帝国主义战争的意义，也就在于它把所有这些矛盾集合在一起投入天平盘里，因而加速和便利了无产阶级的革命战斗。

(四) 无产阶级的历史使命是推翻资本主义生产方式和最后消灭阶级

马克思、恩格斯认为，无产阶级的历史使命是推翻资本主义生产方式和最后消灭阶级。斯大林认为，无产阶级的使命就是在推翻资本主义的斗争中担当一切被压迫和被剥削群众的领袖。

马克思主义经典作家认为，共产党人的理论可以概括为一句话：消灭私有制。无产阶级在反对资本主义社会制度和政治制度的革命运动中，所有制问题是运动的基本问题；无产阶级要完全消灭阶级，废除任何生产资料私有制，这个目的不是一下子可以实现的，这需要一个相当长的从资本主义到共产主义的过渡时期；消灭阶级要经过长期的、艰难的、顽强的阶级斗争。

(五) 社会主义代替资本主义是复杂的、长期的和暴力的过程，资产阶级和平地让出政权只能作为某种特殊情况下的例外

斯大林指出，历史上旧的、腐朽的社会制度被另一种新的社会制度所替代，并不简单地是自发的、和平的过程，而是复杂的、长期的和暴力的过程。社会主义替代资本主义是一个复杂的长期的革命过程，共产党人不能不估计到这些事实。

列宁和斯大林指出，世界历史上还没有一个不经过斗争就自动下台的统治阶级，还没有这种先例。旧制度不会自行崩溃，已经垂死的阶级不会自愿地退出历史舞台，而是拿起武器用一切手段保卫自己，使自己能够作为统治阶级生存下去。列宁说，设想不经过残酷的阶级斗争和阶级战争去推翻资产阶级的统治，和平地实现社会主义，是一种幻想。

马克思主义经典作还家认为，资产阶级和平地让出政权只能作为某种特殊情况下的例外。恩格斯在《〈资本论〉英文版序言》中说过，马克思曾认为"至少在欧洲，英国是唯一可以完全通过和平的和合法的手段来实现不可避免的社会革命的国家。当然，他从来没有忘记附上一句话：他并不指望英国的统治阶级会不经过'维护奴隶制的叛乱'而屈服在这种和平的和合法的革命面前"①。列宁说，任何革命的和平发展，一般说来，都是一件非常罕见和极其困难的事情，只有在某些情况下，作为例外，革命的和平发展才是可能的，例如，在某一个小国家里，在它的大邻国已经完成社会革命之后，资产阶级和平地让出政权是可能的，如果它深信反抗已毫无希望，不如保住自己的脑袋，当然，更大的可能是，即使在各小国家里，不进行国内战争，社会主义也不会实现。

列宁认为，经济变革会使一切民族倾向于社会主义，政治适应经济是必然要发生的，但是不会一下子发生，不会顺利地、简单地、直接地发生。如果认为只要社会经济发展的条件使变革完全成熟了，革命的阶级就总会有足够的力量来实现这个变革，那是错误的。变革可能成熟了，但这一变革的革命创造者可能还没有充分的力量来实现这一变革，在这种情况下，社会就会继续腐烂下去，有时能拖延数十年之久。

列宁还指出，恩格斯根本没有设想"经济"因素自己会直接排除一切困难，马克思和恩格斯却常常谈到从资本主义向社会主义的过渡是同战争相连的革命，是特别困难的一种分娩，必然会有长久的阵痛。如果有人认为，在

---

① 《马克思恩格斯全集》第 23 卷，人民出版社 1972 年版，第 37 页。

以剥削为基础的资本主义社会里能够立刻产生对于社会主义必要性的充分的认识和对社会主义的理解，那是可笑和荒谬的，是不可能的。

（六）在帝国主义时期，社会主义革命可能首先在少数甚至单独一个资本主义国家获得胜利

列宁和斯大林认为，在帝国主义时期，由于资本主义的经济和政治发展的不平衡规律，社会主义革命首先在少数甚至在单独一个资本主义国家获得胜利已经成为可能。因为，各帝国主义集团间的冲突和战争，削弱着资本主义的世界战线，使它易被击破，造成在个别国家内突破这一战线的可能。革命将不一定在工业比较发达、无产阶级占多数、文化水平较高、民主成分较多的国家内开始，开始革命并突破资本战线的也许是世界帝国主义战线链条最薄弱、资本主义不太发达的国家。

（七）社会主义革命必然导致无产阶级专政

马克思主义经典作家认为，社会主义革命必然导致无产阶级专政，而这个专政是无产阶级同资产阶级进行阶级斗争的最坚决最革命的形式，是达到消灭一切阶级和进入无阶级社会的过渡，对介于资本主义和"无阶级社会"即共产主义之间的整整一个历史时期都是必要的。无产阶级专政不是阶级斗争的结束，而是以新的形式、新的武器的继续，没有被压迫阶级的专政，便不可能消灭阶级，无产阶级专政的首要条件是无产阶级军队。列宁认为，在无产阶级专政时代，阶级依然存在，但每个阶级都起了变化，它们相互间的关系也起了变化，阶级斗争并没有消失。只要资产阶级在一个国家内被推翻后还在国际范围内用十倍的力量加紧向社会主义进攻，这种专政就是必要的。

列宁和斯大林认为，无产阶级专政的实质不仅在于暴力，而且主要不在于暴力，它的主要实质在于无产阶级的组织性和纪律性，无产阶级专政是对旧社会的势力和传统进行的流血的和不流血的、暴力的和和平的、军事的和

经济的、教育的和行政的斗争。

（八）无产阶级革命不同于资产阶级革命的特征

马克思主义经典作家认为，无产阶级革命不同于以往的一切革命，它与资产阶级革命的主要区别是：

1. 资产阶级革命是以一个剥削阶级代替另一个剥削阶级的少数人的革命，无产阶级革命是为了绝大多数人的利益去剥夺少数掠夺者的革命。

2. 资产阶级革命通常是以夺取政权来完成的，对于无产阶级革命，夺取政权却只是革命的开始。列宁说，对于从封建制度中生长起来的资产阶级革命来说，还在旧制度内部，新的经济组织就逐渐形成起来，逐渐改变着封建社会的一切方面，在资产阶级革命时已经存在资本主义关系的现成形式，资产阶级革命面前只有一个任务就是扫除、摒弃、破坏旧社会的一切桎梏，任何资产阶级革命完成了这个任务，也就是完成它所应做的一切，即加强资本主义的发展。而社会主义革命的情况却完全不同，革命开始时没有这样现成的关系，为了彻底消灭一切剥削，为了绝大多数人的利益去反对极少数人，第一必须用革命力量来推翻剥削者，第二要担负起建设任务，建立新的经济关系，树立怎样做这件事情的榜样。

3. 资产阶级革命无须摧毁旧的国家机器，无产阶级革命却要摧毁旧的国家机器而代之以新的国家机器。

列宁认为，实现社会主义变革任务的这两个方面是分不开的，这使当时的革命不同于以往的一切革命，以往的革命有破坏这一面就够了，这里除破坏任务以外，还加上了一些空前困难的新任务。如果人们完不成建设任务，那么在推翻剥削者和用武力来抗击国际帝国主义者的事业中的任何成就、任何胜利就会付诸东流，旧制度的复辟就会不可避免。由于历史进程的曲折而不得不开始社会主义革命的那个国家愈落后，它由旧的资本主义关系过渡到社会主义关系就愈困难。

三、帝国主义和无产阶级革命时代的基本矛盾

斯大林认为，第一次世界大战以后，世界上存在着 4 个最重要的矛盾：劳动与资本的矛盾（每个国家内工人同资本家之间的矛盾）；各金融集团、各帝国主义国家之间的矛盾；帝国主义国家同殖民地和附属国之间的矛盾；资本主义世界同社会主义苏联之间的矛盾。斯大林说，资本主义阵营与社会主义阵营的对立，是两种经济制度和两种管理制度之间对立的表现，国际形势将取决于这两个阵营间的力量对比。

（一）国际资本主义和国际无产阶级是决定人类命运的两种力量

列宁认为，资本主义是一种国际力量。在帝国主义时代，世界上有两种力量能够决定人类的命运，一种是国际资本主义，一种是国际无产阶级。资产阶级的作用比他们在人口中所占的比重大得多，他们在组织能力和知识上还具有很大的优势。

（二）无产阶级将同国际资产阶级这个劲敌作长期斗争

马克思指出，在一个国家里，资产阶级各个成员之间虽然存在着竞争和冲突，但资产阶级却总是联合起来反对本国无产阶级；同样，各国的资产阶级虽然在世界市场上互相冲突和竞争，但总是联合起来反对各国的无产阶级。

列宁认为，国际资产阶级是社会主义国家的劲敌，人们将同它们作长期的斗争；在一国内推翻了资产阶级的无产阶级，在很长时期内依然要比资产阶级弱，这是因为资产阶级的强大在于国际资本的力量和它的各种国际联系牢固有力，比当前工人阶级的联系要长久得多，牢固得多，他们在国际上还互相声援并组织起来共同对付无产阶级；如果人们决心把推翻剥削者的事业进行到底，必须经受得住全世界剥削者的进攻，应当从这一基本情况出发。

（三）资本主义不能容忍社会主义国家与其长期共存，必然要经过一系列的冲突解决谁战胜谁的问题

列宁认为，被资本主义国家包围着的社会主义与资本主义国家长期共存，这是资本主义不能容忍的。资本主义国家与社会主义国家和睦相处，无论按其客观地位来说，或按它所体现的资本家阶级的经济利益来说，都是不可能的，社会主义国家的存在迫使这些国家的资产阶级发生动摇。在谁战胜谁这个结局没有到来之前，社会主义国家与资本主义国家之间的冲突是不可避免的。只要存在着资本主义和社会主义，必然要经过一系列的冲突解决谁战胜谁的问题，最后不是这个胜利，就是那个胜利。斯大林认为，资本主义与社会主义之间的矛盾，是资本主义制度本身生死存亡的问题。

列宁和斯大林认为，无产阶级夺取国家政权后，从资本主义到共产主义之间的过渡时期不能不兼有这两种社会经济结构的特点或特性，不能不是已被打败但还未被消灭的资本主义和已经诞生但还非常幼弱的共产主义彼此斗争的时期。只要这个时代没有结束，剥削者就必然存着复辟希望，并把这种希望变为复辟尝试。他们在遭到严重失败以后，就会以十倍的努力、疯狂的热情、百倍的仇恨投入为恢复他们被夺去的"天堂"的战斗。当社会主义还处在资本主义包围的时候，不能认为社会主义国家已经免除资本主义复辟和受到武装进攻的危险，在国际资本的援助下，复辟和武装干涉都可能发生。

（四）无产阶级革命是国际的事业，社会主义的最终胜利是战胜全世界的资产阶级

马克思主义经典作家认为，消灭资本主义需要有全世界工人的合作与联合，无产阶级革命是国际的事业。

列宁认为，在帝国主义时代，如果大国民族的无产阶级不采取超出和打破民族界限的、推翻国际资产阶级的革命行动，世界上大多数民族就不会有生路。不推翻国际资产阶级，大国民族就会继续存在，全世界十分之九的民

族就会继续受压迫。无产阶级政党的策略是国际主义的策略，是建筑在对世界革命形势正确的估计上面，而不是建筑在害怕世界革命的怯懦心理和狭隘民族主义愿望上面。社会主义国家应该尽力做到在一个国家内所能做到的一切，以便发展、援助和激起世界各国的革命，不过援助的方式应该量力而定。

斯大林认为，列宁的革命论同时还是世界革命发展论，社会主义在一个国家内的胜利不应当把自己看作独立自在的东西，而应当看作用以加速世界各国无产阶级胜利的助力和工具，因为革命在一个国家内的胜利是世界革命的开端和前提。

列宁和斯大林认为，一个国家社会主义革命的胜利还远不是完全的胜利，一国无产阶级单靠自己的力量是不能胜利地完成社会主义革命的，在一切国家的革命还没有完成以前，这个革命还没有到达胜利的终点，社会主义的彻底胜利要经过漫长、曲折、艰苦的道路。

斯大林说，社会主义胜利，包含着两个不同的问题：一是战胜本国资产阶级建成社会主义的问题，这是社会主义建设在一个国家内的胜利，这种胜利是可能的；二是社会主义的最终胜利问题，这是战胜世界资产阶级的问题，一个国家的无产阶级单靠本身的力量是不能战胜世界资产阶级的。这个问题不能用解决第一个问题的办法来解决，只有把国际无产阶级的重大努力和全体苏联人民的更大努力结合起来才能解决第二个问题。

（五）阻止帝国主义国家进行战争的因素

斯大林认为，社会主义国家的力量及其和平政策、各国共产党反对帝国主义新战争的坚决斗争和资产阶级政治家害怕战争引起革命，是暂时阻止帝国主义国家进行战争的因素。

（六）资本主义和社会主义两种经济制度的合作是可能的，但合作的愿望却不是始终都有的

斯大林认为，社会主义经济制度与资本主义经济制度尽管不同，如果有

合作的愿望，合作是完全可能的。应当把合作的可能性同合作的愿望区别开来，合作的可能性总是存在的，但合作的愿望却不是始终都有的。1952 年，斯大林在答美国报纸编辑提问时说，只要双方有合作的愿望，决心履行所承担的义务，遵守平等和不干涉别国内政的原则，资本主义和共产主义的和平共处是完全可能的。

（七）社会主义国家对外政策的基本原则

列宁认为，社会主义国家的对外政策归根结底是由无产阶级的经济利益和经济地位决定的，这是马克思主义的一个原理。在国际社会主义革命爆发以前，已经在一个国家中（尤其是在一个落后的国家中）获得了胜利的社会主义者的直接使命，不是去同强大的帝国主义作战，而要竭力避免作战，要等待，让帝国主义者相互间的搏斗进一步削弱他们自己，加速其他国家革命的到来。社会主义国家应该善于利用帝国主义者和资产阶级各个集团或各种类别之间利益上的一切矛盾和对立，并且只利用由最深刻的经济原因引起的深刻分歧。为了巩固社会主义，联合一个帝国主义反对另一个帝国主义并不是原则上不能允许的事情。

第六节 关于处理战争与和平问题的准则及研究的基本方法

马克思主义经典作家在论述战争与和平问题时，提出了无产阶级政党处理战争与和平问题的准则，以及研究战争与和平问题的基本方法。

一、实现和维护无产阶级利益，是无产阶级政党对待战争与和平问题的唯一出发点

列宁认为，无产阶级政党对国际关系中的各种现象抱什么态度的唯一的出发点，是无产阶级阶级斗争的利益，是国际无产阶级运动的利益。

（一）无产阶级政党应该根据历史环境、阶级关系等情况，对战争与和平在不同时期持不同态度

列宁和斯大林认为，应当根据历史环境、阶级关系等情况，对于战争在不同的时期持不同的态度。在存在阶级统治的情况下，不能用民主主义的感伤主义观点来评价战争。列宁提出，共产党人对战争的态度，同资产阶级和平主义者（和平的拥护者和鼓吹者）和无政府主义者有原则的区别，从社会主义在一个国家获得胜利的时候起，解决各种问题只能从发展和巩固已经开始的社会主义革命的最有利的条件出发。

（二）无产阶级对和平的提法应该有别于资产阶级

列宁认为，无产阶级对和平问题的提法必然而且应当有别于资产阶级民主派。他说，提出和平口号不同一定的和平条件联系起来（即不是争取特定的和平），而是争取一般的和平，这种和平口号不是社会主义的口号，甚至是毫无内容、毫无意义的口号。如果认为帝国主义战争可以产生民主的和平，那是欺骗人民。要通过宣传鼓动向群众说明社会主义同资本主义（帝国主义）和平的区别，而不是要借助一个可以把截然不同的东西"统一起来"的用语去调和两个敌对的阶级和两种敌对的政策。共产党人反对抽象的和平主义，但绝对不是对愈来愈多的群众的和平要求漠不关心，必须利用群众的这种和平愿望来向他们说明：没有一系列的革命，他们所期待于和平的那些好处都是不可能得到的。争取和平的斗争如果不同无产阶级的革命阶级斗争联系起来，那不过是温情的或欺骗人民的资产者的和平主义空话。

（三）无产阶级不可能通过和平道路达到自己的最终目的

列宁指出，以为无产阶级将会通过和平道路达到最终目的，那是空想，资本主义绝不会和平地自行灭亡；凡是认为可以通过和平的、改良主义的道路发展到社会主义，那是对无产阶级的公然欺骗。

（四）维护和平的运动不足以根本消除资本主义国家之间的战争

斯大林认为，广泛的维护和平的运动，具有作为揭露战争挑拨者罪恶阴谋工具的意义。但是，这仍然不足以根本消除资本主义国家之间战争的不可避免性，要消除战争的不可避免性，就必须消灭帝国主义。

二、研究战争与和平问题，阶级分析方法是基本指导线索，必须从弄清帝国主义的经济实质入手

列宁认为，马克思主义提供的阶级斗争的理论是一条指导性的线索，使人们能在阶级社会这种看来扑朔迷离、一团混乱的状态中发现规律性。他说，对于出现的各种各样的政治形式、政治学说、政治见解和政治革命，要弄清这一切特别是与资产阶级的学者和政治家的政治、哲学等等学说有关的情况，就必须牢牢把握住社会划分为阶级和阶级统治形式改变的事实，把它作为基本的指导线索，并用这个观点去分析一切社会问题，即经济、政治、精神和宗教等等问题。如果忽略了现代社会的阶级对抗，对象战争与和平这样"简单"明白的问题，也不可能有正确的提法。

列宁认为研究战争与和平问题的基本方法是：

第一，必须弄清战争的性质，这是马克思主义者对待战争问题态度的前提。只有弄清楚战争的性质，才能确定对它的态度。我们应当支持的不是任何一种反对帝国主义的斗争，我们并不支持反动阶级反对帝国主义的斗争，并不支持反动阶级反对帝国主义和资本主义的起义。

第二，必须把战争同它们的特殊历史环境联系起来考察。马克思主义要求必须历史地分析每一次战争，即战争是由于什么原因引起的，是由哪些阶级准备并操纵的，具有什么样的阶级性，是为了什么进行的，是由什么样的历史条件和历史经济条件造成的，根据每一个具体情况，就每一次具体战争，确定战争的政治内容。从分析战争的政治目的和阶级性来确定战争的

"真正实质"。"马克思主义的全部精神，它的整个体系，要求人们对每一个原理只是（α）历史地，（β）只是同其他原理联系起来，（γ）只是同具体的历史经验联系起来加以考察。"①

第三，不研究帝国主义的经济实质就根本不会懂得现在的战争和政治。要认识这个基本问题，应当利用的不是一些例子和个别的材料，必须是关于所有交战国的经济生活基础的材料的总和。

三、无产阶级必须反对机会主义在战争与和平问题上的主张

列宁认为，工人运动中的机会主义，是在资本主义"和平"发展时代的基础上成熟起来的，从整个欧洲来说，机会主义在第二国际取得了实际的统治地位，机会主义者在危机时刻成了工人政党内那些投到资产阶级方面去的分子的核心，这个阶层已经同自己国家的资产阶级长合在一起，而资产阶级也完全看清了它的价值并加以"利用"。

（一）机会主义同帝国主义是有密切联系的

马克思主义经典作家认为，工人运动中的机会主义与工人领袖背叛工人事业的行为，同资本主义（帝国主义）是有密切联系的。马克思和恩格斯在1852—1892 年这 40 年中，经常指出这种事实。

列宁分析了工人运动中的机会主义赖以生存的经济基础，指出：帝国主义有一种在工人中间分化出一些特权阶层的趋势，并且使他们脱离广大的无产阶级群众。帝国主义瓜分剥削世界，使极少数最富的国家享有垄断高额利润，从而资本家可以从这种超额利润中拿出一部分（甚至是不小的一部分）在经济上来收买本国工人，收买无产阶级的上层，于是培植和形成了帝国主义同机会主义的联系，建立某种一国的工人同本国资本家共同反对其他国家

---

① 《列宁全集》第 47 卷，人民出版社 1990 年版，第 464 页。

的同盟。帝国主义国家间加剧的对抗加强了这种趋向；如果看不见帝国主义时代这一事实的经济必然性，不懂得这个现象的经济根源，不充分认识这个现象的政治意义和社会意义，那么，在解决共产主义运动和即将到来的社会革命的实践任务方面，就会一步也不能前进。

（二）机会主义宣扬社会沙文主义，反对革命战争

列宁说，所谓社会沙文主义是指工人运动中的社会党人在帝国主义战争中保卫祖国的思想，为社会党人在这场战争中同本国的资产阶级和政府实行联合作辩护，拒绝宣传和支持无产阶级反对本国的资产阶级的革命行动，等等。其理论就是考茨基提出的"超帝国主义论"。

（三）机会主义抽象地宣传和平而不考虑和平的性质，愚弄人民群众

列宁指出，机会主义不考虑和平的性质，宣扬在和平问题上大家（帝国主义者、所谓社会党人和社会和平主义者）意见都是一致的；宣扬不经过革命，在资产阶级保持着统治阶级权利的条件下，有可能实现持久的、民主的和平；和平主义和抽象地宣扬和平是愚弄工人阶级的形式之一。

（四）机会主义鼓吹可以通过和平的、改良主义的道路过渡到社会主义

列宁指出，机会主义篡改马克思主义，宣扬资产阶级国家"自行消亡"，鼓吹可以通过和平的、改良主义的道路过渡到社会主义，否定无产阶级暴力革命，把和平的"民主化"作为无产阶级唯一的活动方式。斯大林说，如果以为可以在适合于资产阶级统治的资产阶级民主制范围内，用和平方式来进行这样的革命，就是公然无耻地背叛无产阶级革命。

（五）机会主义的思想基础是放弃阶级观点和阶级斗争，政治内容是与资产阶级合作

列宁指出，机会主义背弃社会主义革命的思想和革命的斗争方法，否定

阶级斗争，宣扬社会和平，否定社会主义革命，维护阶级合作，迎合资产阶级民族主义，崇拜资产阶级所容许的合法性，把马克思主义篡改为资产阶级可以接受的东西。他们不认为社会主义改造就是推翻剥削阶级的统治，而是想象为少数和平地服从那已经理解到本身任务的多数，在实践中导致出卖劳动阶级的利益。机会主义就是贪图暂时的局部的好处而牺牲根本的利益。机会主义者在形式上属于工人政党，客观上是资产阶级的政治队伍，是无产阶级的异己分子和资产阶级在工人运动中的奴仆与代理人，是资产阶级影响的传播者，是资产阶级反对无产阶级的直接帮凶。

（六）机会主义是整个历史时代的产物

列宁认为，机会主义不是偶然现象，不是个别人物的罪孽、过错和叛变，而是整个历史时代的社会产物。工人阶级和其他阶级之间并没有隔着一道万里长城，帝国主义的意识形态也渗透到工人阶级里面了。考茨基等人的思想趋向不是孤立的，是在第二国际环境中必然产生的一个流派的代表；在资本主义比较"和平"发展的这个时期（1871—1914 年），机会主义不可避免地在一切国家中形成，并在议会、工会、新闻等各界"领袖人物"中占了优势。几十年的"和平"时代使大多数工人政党的领袖却因为习惯于平静时期而丧失了从事革命斗争的能力。在第二国际存在的整个时期内，每个工人政党内部都进行着革命派和机会主义派的斗争，并在许多国家里引起了工人政党的分裂。"迁就机会主义的各国社会党像奥吉亚斯的牛圈那样堆满了庸俗、近视和叛变的秽物。"

（七）社会主义运动中领袖人物的叛变是比战争更严重的灾祸

列宁认为，对工人政党来说，最严重的灾祸不是战争，而是当时的社会主义运动中领袖人物的叛变，放弃那领导人民反对资产阶级的革命领袖作用。

列宁指出，第一次世界大战结束时，欧洲许多交战国出现了革命形势，因为当时群众已经武装起来，社会主义革命在某些西欧国家有可能取得胜利。正是在这些国家的资产阶级危急关头，社会党领袖的叛变，无产阶级的分裂，帮助和拯救了资产阶级，断送和镇压了革命。

（八）马克思主义必须同机会主义作坚决斗争

列宁指出，反对帝国主义的斗争，如果不同反对机会主义的斗争密切联系起来，就是空话和谎言。机会主义是人们的主要敌人，必须战胜这个敌人。如果不摆脱这些人，工人运动就始终是资产阶级的工人运动。

列宁和斯大林认为，同机会主义斗争是马克思主义者的时代任务，如果不同机会主义者在组织上完全划清界限，希望恢复真正社会主义的国际，只能是一种有害的幻想。马克思主义者必须捍卫马克思主义的理论基础和基本原理；必须锻炼出新式的武器，不做这种预备工作，就根本不能去和资本主义作战，无产阶级在新的革命搏斗面前就会陷于武装不足甚或完全没有武装的危险境地。

第二章

非马克思主义关于
战争与和平问题的代表性观点

历史上有关战争问题的著作浩如烟海，但在马克思主义产生之前，论述战争本质以及和平问题的著作却不多。最早论述战争这种社会现象的是中国的孙子，他认为："兵者，国之大事，生死之地，存亡之道，不可不察也。"[①]古希腊的赫拉克利特认为，"战争为万物之父"[②]。柏拉图则断言，战争是各国人民的自然状态，是必然的不可避免的，只有"国王有权决定战争与和平"[③]。资本主义产生后，资产阶级推动了对战争与和平问题的研究，提出了各种各样的理论观点，其中有些观点的部分内容是正确或有合理的成分，这为马克思主义经典作家创立无产阶级的战争与和平理论提供了思想材料。

由于资产阶级在其发展的不同历史阶段起着不同性质的作用，其战争与和平的理论也随之变化发展。这里分三个时期来介绍资产阶级有关战争与和平问题的代表性观点，主要介绍冷战时期及冷战以后的代表性观点。

第一节　资本主义处于上升发展时期

从中世纪后期西欧产生资本主义经济萌芽起，到 1870 年资本主义在欧美先进国家胜利和确立，是资本主义产生和处于上升发展的时期，这时这些国家的资产阶级在历史上还起着革命的作用。这一时期，马基雅维利（佛罗伦萨人，1469—1527 年）和克劳塞维茨（普鲁士人，1780—1830 年）是资

---

① 《十一家注孙子》，上海古籍出版社 1978 年版，第 2 页。

② ［英］利得尔－哈特编：《剑与笔》，军事科学院外国军事研究部译，军事科学出版社 1990 年版，第 25 页。

③ 参考《柏拉图全集》第 4 卷。

产阶级最具代表性的军事著作家和军事理论家。

一、马基雅维利和格劳秀斯的观点

马基雅维利是近代资产阶级政治学的鼻祖,被恩格斯称为"第一个值得一提的近代军事著作家"①。他认为,"战争是唯一值得君主从事的事业","它不仅可以使生来就是君主的人保持他们世袭的名利与地位,而且还可以使平凡的人平步青云,跻身于贵胄的行列"。②

格劳秀斯(1583—1645 年),生于荷兰,是第一位把战争与和平联系起来著书的人。他在《战争与和平的法理》一书中反对任何战争,认为战争并非是生活行为之一,它是一桩极可怕的事,所有的战争不论主张如何,都是不合法的;只有在极端必要和极端仁慈的情况下,才能使之名正言顺。至于和平,他认为对"在任何条件下达成的和平,都应竭尽全力加以保护;不仅必须避免食言背信,而且还要避免有任何足以激怒对方的行为"③。

二、克劳塞维茨的观点

克劳塞维茨是 19 世纪初资产阶级最著名的军事理论家,他的战争理论至今仍有很大影响。在他之前,普鲁士军事理论家比洛(1757—1807 年)等已经指出政治与战争的相互联系,但对各种战争现象进行全面分析,深刻、透彻地阐述战争本质的是克劳塞维茨。尽管西方军事理论家对他的《战争论》褒贬不一,却普遍认同他提出的战争是政治的继续、是实现政治目的

---

① 《马克思恩格斯选集》第 4 卷,人民出版社 1995 年版,第 262 页。

② [英] 利得尔 - 哈特编:《剑与笔》,军事科学院外国军事研究部译,军事科学出版社 1990 年版,第 95 页。

③ [英] 利得尔 - 哈特编:《剑与笔》,军事科学院外国军事研究部译,军事科学出版社 1990 年版,第 114—115 页。

的手段等观点,《战争论》至今仍被视为必读的经典。马克思主义经典作家对他阐述战争本质、政治与战争的关系的论述给以很高的评价,充分吸收了他的理论中正确合理的部分。克劳塞维茨关于战争与和平问题的观点概括起来有五点:

1. 战争是迫使敌人服从我们意志的一种暴力行为。[①] 克劳塞维茨认为,战争是扩大了的搏斗,是两股活的力量之间的冲突;在战争中物质暴力是手段,把自己的意志强加于敌人是目的;如果一方绝对的忍受就不能成为战争。

2. 战争是政治通过另一种手段的继续[②],是政治的一种工具[③]。克劳塞维茨认为,战争是政治本身的表现,是政治目的引起的,是政治交往通过另一种手段的实现;政治意图是目的,战争是手段;由于引起战争的政治目的是多种多样的,因此战争也是多种多样的,它必须用政治的尺度来加以衡量;战争的政治原因对战争的进行有强烈的影响,政治贯穿在整个战争行为中,并在战争中起作用的各种力量所允许的范围内对战争不断发生影响,但政治目的也不是因此就可以任意地决定一切,它必须适应手段的性质;政治目的本身在战争中往往也会有很大的变化。

3. 政治是整个社会的一切利益的代表。[④] 克劳塞维茨认为,政治本身对其他国家而言,是这一切利益的代表。

4. 当战争的消耗超过了政治目的的价值时,人们就会放弃这个政治目的

---

① [德] 克劳塞维茨:《战争论》第 1 卷,中国人民解放军军事科学院译,解放军出版社 1964 年版,第 22 页。

② [德] 克劳塞维茨:《战争论》第 1 卷,中国人民解放军军事科学院译,解放军出版社 1964 年版,第 50 页。

③ [德] 克劳塞维茨:《战争论》第 3 卷,中国人民解放军军事科学院译,解放军出版社 1964 年版,第 1216 页。

④ [德] 克劳塞维茨:《战争论》第 3 卷,中国人民解放军军事科学院译,解放军出版社 1964 年版,第 1220 页。

而媾和。① 克劳塞维茨认为，政治目的的价值必然决定着愿意付出多大的牺牲作代价。政治越是宏伟而有力，战争也就越宏伟而有力，甚至可能达到其绝对形态的高度。战争中有两种情况促使媾和，一是获胜的可能不大，二是获胜的代价过高。

5. 应该根据政治因素和政治关系来认识每次战争，确定战争主要路线和指导战争的最高观点只能是政治观点。②

第二节　自由资本主义过渡到垄断资本主义时期

从 19 世纪 70 年代起，自由资本主义开始向垄断资本主义过渡，并建立起欧美在全球居支配地位的资本主义世界体系，帝国主义时代到来。在资本主义发展不平衡性的作用下，新老资本主义国家之间争夺殖民地、世界市场的斗争越来越激烈，导致了第一次世界大战。资产阶级的军事理论同资本主义本身的发展一样，也是不平衡的。最发达的资本主义大国——德国、美国、英国和法国的军事理论家提出了各自的新理论，为其对外侵略扩张政策服务，他们对战争与和平问题并没有一致的认识。在这些理论中，有代表性和较大影响的有：

一、鲁登道夫的观点

1935 年，德国将军鲁登道夫（1865—1937 年）写了《总体战》③ 一书，提出"总体战"理论，后成为德国法西斯军事学说的重要基础之一。他认为，

---

① ［德］克劳塞维茨：《战争论》第 1 卷，中国人民解放军军事科学院译，解放军出版社 1964 年版，第 60 页。

② ［德］克劳塞维茨：《战争论》第 3 卷，中国人民解放军军事科学院译，解放军出版社 1964 年版，第 1221 页。

③ 参考 ［德］鲁登道夫：《总体战》，戴耀先译，解放军出版社 1988 年版。

战争是民族生存意志的最高体现，过去那种由国家首脑不顾人民意愿而发动的所谓"内阁战争"已成为过去。战争本质已发生变化，总体战的出现不单是军队的事，也是针对整个民族的，它直接涉及参战国每个人的生活和精神。总体战的出现不仅是因政治的变化，还由于人口不断增长而实行的普遍义务兵役制和使用杀伤力日益增强的武器装备。

鲁登道夫认为总体战的本质是：1.需要民族的总体力量，人民的力量（体力的、经济的和精神的）决定了军队在总体战中的力量强弱，民族的精神团结是总体战的基础；2.当整个民族的生存真正受到威胁，全民决心投入战争时，总体战才能付诸实施；3.政治必须提出维护民族生存的理论，人民越是有强烈的种族意识，对其生存条件越是有清楚全面的认识，深信战争是为民族生存而进行的，才会不遗余力效忠于战争；4.总体政治必须在平时就为战时民族生存的斗争做好充分准备。

二、马汉的观点

马汉（1840—1914 年）是美国著名的军事理论家，他的《海权对历史的影响。1660—1783》（1890 年出版）① 是海权论的奠基之作，提出了制海权决定一个国家命运兴衰的思想，即著名的马汉主义，至今在美国仍有极大的影响。

马汉认为，战争的特点虽是暴力性的，但是一种政治运动，根源于国家间的利益斗争及由此而起的激烈竞赛和试图瓜分更大商业好处的相互对立。他在《海权论》中写道："一个有机体绝不可能自己养活自己，它要消化、吸收、分配那些得自外部的东西，而这些不可或缺的外来养分就等同于政治或经济团体的对外商业活动，它使国家获得外部资源的支持。"②"由于个体

---

① 参见 [美] 马汉：《海权论》，萧伟中、梅然译，中国言实出版社 1997 年版。
② [美] 马汉：《海权论》，萧伟中、梅然译，中国言实出版社 1997 年版，第 230 页。

间在精神或物质上的能力差别，范围再广泛的平衡也会很快导致不平衡，而后者又会带来社会和经济上的不满与对立。有着不同的政治、社会和工业发展水平、不同的权利观念和不同的既得利益和机会。随着时间的推移，这些不同会很快加剧各国对现状的不满，这样它们就会各有盘算，从而处于争执之中。"①"古老的弱肉强食法则仍存在于人类本性之中，有权力的国家才能在工商业竞争中、在战争中生存，道义力量不足以决定问题，除非有物质力量可倚助。"②

对于和平，马汉认为，工业和商业能否顺利和平地发展取决于国家间的实力对比。在和平状态中，政府的政策可以帮助一个民族的工业的成长和加强通过海洋的方式寻找投资与获利的趋势。各国政府虽都声言要保持和平，但并未对在远方进行政治经营和谋取殖民地感到厌恶。各国政治行为的相互对立，可能引发和其他国家的严重争执，美国会寻求和平解决每一个争端，但最关键的因素是军事力量。军事形势就是政治形势，对其正确理解有助于和平，拥有并运用武装力量并不一定意味着战争，可以而且实际上常常在不引发战事的情况下恰如其分地运用这种力量，运用得越是得心应手，越能够和平地达到目的，手无寸铁根本不能保障和平。"不能幻想象一个男孩从树上硬扭下一个酸苹果那样得到和平"，"人类永远不会屈从或信服纯粹的功利主义考虑，它的信仰也永远不会为和平所支配"③。

马汉强调海上交通线是一个国家实力和战略的最重要因素，特别是与国家利益和贸易有关的主要交通线上的制海权，是民族强盛和繁荣的主要因素，需要有持久力的海军力量，并把产品、海运、殖民地归结为海权的三大环节。为了拥有珍贵的闲适和悠然自得地享有商业带来的好处，必须在"天鹅绒的手套里面要有一只铁掌"。

---

① ［美］马汉：《海权论》，萧伟中、梅然译，中国言实出版社 1997 年版，第 137 页。
② ［美］马汉：《海权论》，萧伟中、梅然译，中国言实出版社 1997 年版，第 143 页。
③ ［美］马汉：《海权论》，萧伟中、梅然译，中国言实出版社 1997 年版，第 433—434 页。

三、富勒和利得尔-哈特的观点

英国将军富勒（1887—1966 年）是世界著名军事理论家，他创立的"机械化战争"理论，深刻地影响了第二次世界大战。他在《装甲战》《战争指导》等书中阐述了他对战争与和平问题的观点。富勒认为，"今天促使战争发生的原因是经济因素"[1]，"战争已经是一种整个国家所从事的商业行为"[2]。近代战争具有四种性质——外交、经济和心理，军事仅是一种最后的手段，战争是用不同的工具在不同的战场上打的。战争的政治目的分为有限和无限两类，使胜利者获得利益的往往是前一类。对于合理的政治目标而言，一个全面的核子战争是毫无意义的。

富勒认为，战争的目的是为了和平，胜利只不过是达到这种目的的手段。一个不能获得拥护的和平只能是一种压迫，一个国家仅当它无力反抗时才会忍辱接受，只要一有有利机会，有精神的人马上会起来反抗。

利得尔－哈特（1895—1970 年）也是英国军事理论家，他在《战略论》[3]一书中提出"间接路线战略"，认为战争的目的是要获得一个较好的和平。战争是在谈判不能取得满意结果时使用的一种手段，是一种违反理性的行为，但需要理智来控制。在进行战争时要想到所需要的和平条件，考虑战后的利益，不过对"比较好的和平状态"的看法是有很大差别的。对和平的最好保障是维持在一种力量平衡上所构成的相互制约关系。[4]

利得尔－哈特认为，在战争中"间接路线要比直接路线优越得多"[5]，可

---

① 参考 [英] 富勒：《装甲战》，周德译，解放军出版社 1987 年版，第 3 页。

② [英] 富勒：《战争指导》，钮先钟译，内蒙古文化出版社 1997 年版，第 136 页。

③ 该书初版于 1929 年，当时名为《历史上的决定性战争》，1941 年再版时改名为《间接路线战略》，第二次世界大战后作者多次修订后改为《战略论》。

④ 参考 [英] 利得尔－哈特：《战略论》，中国人民解放军军事科学院译，战士出版社 1981 年版。

⑤ [英] 利得尔－哈特：《战略论》，中国人民解放军军事科学院译，战士出版社 1981 年版，第 5 页。

以结合使用战争的各种工具，避免对未来的和平有所损害。军事力量只不过是各种工具中的一种，为达到削弱敌人抵抗意志的目的，应注意和利用自己的全部力量，即财政的、外交的、商业的和思想道德上的压力。最完美的战略是那种不必经过严重战斗而能达到目的的战略。

富勒并不赞同利得尔－哈特的"间接路线战略"，认为它"只是一种不得已的下策而已"[1]。

四、福煦和博福尔的观点

法国元帅福煦（1851—1929 年）的《作战原则》[2]，是这一时期法国军事思想的代表作，他在书中提出"全民性战争"理论。他认为，19 世纪末战争的特点越来越成为举国参加的战争。民族利己主义产生只考虑本身利益的政治和战争，国家要获得财富和满足自己的欲望，手段就是战争。战争产生的原因以及战争特点的形成都来自于政治思想、思想感情和战争爆发时的国际关系。一个新的全民战争的时代已经开始，这类战争迈着巨大的步伐前进，它吸收国家的全部资源投入战斗。它的目的，首先为了维护和推广一种哲学概念，其次是维护和推广独立、统一和各种物质利益。战争等于精神力量较量，胜利等于胜利者的精神优势，被消灭者的士气瓦解。

法国将军博福尔（1907—1975 年）也认为，今天的战争是总体战，将在包括政治、经济、外交、军事诸领域内展开。[3]

---

① [英] 富勒:《战争指导》，钮先钟译，内蒙古文化出版社 1997 年版，第 378 页。

② 《作战原则》是福煦 1895—1908 年在陆军大学任教时所用讲义的汇编，是他的第一本重要军事理论著作，1903 年公开出版发行。中文版由军事科学出版社 1991 年出版（[法] 福煦:《作战原则》，军事科学院外国军事研究部译，军事科学出版社 1991 年版）。

③ [法] 安德烈·博福尔:《战略入门》，军事科学院外国军事研究部译，军事科学出版社 1989 年版，引言第 4—5 页。

第三节 冷战时期及冷战以后

第二次世界大战使美国成为世界资本主义体系的主导力量和西方的领导者。战后，美国为建立以其为领导的"世界大家庭"，创建美国式的全球秩序，运用战争与和平两手推行美国强权下的和平，以保证美国及其盟友"在全球范围的政治和经济利益"。美国的对外与军事政策也随之转为主要针对社会主义国家和第三世界。从杜鲁门政府起，美国的政要、主要新闻媒体和一些学者，对战争与和平问题不断提出各种各样的观点，远超过以前的任何时期，为美国战后历届政府进行政策选择提供理论依据。在战后的美国总统中，尼克松著书立说最多。他虽然因"水门事件"下台，但其在世期间，后任的美国各届总统在一些重大国际问题上，无一不向他咨询，可见他对美国统治集团的影响力。他对战争与和平问题的观点较为全面、系统地代表了美国统治阶级的看法，本书将重点介绍其思想。

由于美国的实力地位和作用，美国的这些观点也为它的盟国基本接受，成为西方的主流观点。但这些观点十分庞杂，只能选择那些最具代表性，并被实际运用到历届美国政府的对外与军事政策中的观点来介绍，这里分六个问题来介绍。

一、战争是获得权力和势力的一种工具[①]

美国政要们认为，战争是一种工具，是借以获得权力和势力、增进国家利益的一种手段。战争是由政治分歧引起的，使用军事手段是为获得具体的政治目标，美国领导人只有在舆论的坚决支持下才能从事战争，在卷入第三世界冲突方面，美国应该有所选择。

---

① 时任美国总统肯尼迪 1958 年 8 月 14 日在参议院的演说。

尼克松认为，"国家参加战争，实现胜利是至关重要的"，"胜利应该界定为使用军事手段去获得具体的政治目标"。当美国的"利益受到威胁时"，要将"诉诸武力的能力和意志作为首要手段"，这"将减少最终诉诸武力的可能性"，并"永远把使用武力作为最后的手段"①。"超级大国之间爆发战争的最大危险是当它们的利益发生冲突时，一场小型战争便可能升级。小型战争总是具有引发世界大战的潜力。"②

（一）第二次世界大战后，美国在全世界展开反对共产主义的冷战③

尼克松认为，美国在 20 世纪"已经历了 3 次大战——第一次世界大战、第二次世界大战和冷战"。④第二次世界大战后，美国便"在全世界展开反对共产主义的冷战"。

1. 冷战是一场政治观念和经济制度激烈斗争的全面战争⑤

1946 年 3 月 5 日，英国的丘吉尔在美国密苏里州富尔敦的演说揭开了冷战的序幕。1947 年 3 月 12 日，时任美国总统杜鲁门向国会提出了一篇咨文（后被称为"杜鲁门主义"），标志着美苏冷战的正式开始。尽管美国学者至今对冷战有各种观点，但一般认为，冷战是指第二次世界大战结束后不久直到苏联东欧剧变前，美国和苏联及它们的盟国在国际关系领域中相互对峙和对抗的一种状态。战后，"冷战覆盖了世界上的每一地区，并使其中的大部分地区身不由己地卷入到这场政治观念和经济制度的激烈斗争之中"⑥。从

---

① 参见［美］理查德·尼克松：《不再有越战》，王绍仁等译，世界知识出版社 1999 年版。

② ［美］尼克松：《1999：不战而胜》，杨鲁军等译，世界知识出版社 1989 年版，第 278 页。

③ ［美］理查德·M.尼克松：《超越和平》，范建民等译，世界知识出版社 1995 年版，第 9—10 页。

④ ［美］理查德·M.尼克松：《超越和平》，范建民等译，世界知识出版社 1995 年版，第 185 页。

⑤ 参见［美］尼克松：《真正的战争》，常铮译，新华出版社 1980 年版。

⑥ ［美］理查德·M.尼克松：《超越和平》，范建民等译，世界知识出版社 1996 年版，第 5 页。

杜鲁门政府发动冷战，到老布什政府时冷战结束，期间各届美国政府的政要们都是冷战的积极推行者。

尼克松认为，冷战不是历史书上下了定义的那种常规意义上的战争，是"一场被称为和平的战争"①。"如果要这场战争不升级到实际武装冲突的水平，我们就必须在非军事方面有效地进行这场战争。"② 因为，"这场冲突的成败所系不仅是我们自身的自由，而且还有世界各国的自由"，是决定各国命运的大搏斗。"自由的存亡取决于美国的行动"③。美国政要认为：

冷战是美苏两大国之间的热战特别是核战争的替代物。"冷战促成了激烈的军备竞赛，引发了朝鲜和越南的热战"等几十起较小规模的军事冲突，但"却没有把超级大国带入相互敌对的战斗"④。

美国必须解决由哪一类国家来支配"世界的命运"问题，因此，除了将获取冷战胜利作为其对外政策的首要目标外，别无其他选择。

冷战是把军事的、经济的、哲学思想的、政治的和外交的力量结合起来，其中每一点，对于这场战争的结局都是十分重要的，并将支配世界形势。

美国要区别切身利益、重要利益与边缘利益。所谓美国的切身利益，是指那些不仅对美国而且对"自由世界"是切身的利益，它是两种世界之间的巨大斗争的一部分，美国最优先捍卫的应该是美国的切身利益。

美国不仅"从共产主义魔掌中拯救了世界，而且还帮助把世界变成一个自由不再受到威胁的世界"⑤。

---

① [美] 尼克松：《1999：不战而胜》，杨鲁军等译，世界知识出版社 1989 年版，第 15 页。
② [美] 尼克松：《真正的战争》，常铮译，新华出版社 1980 年版，第 300 页。
③ [美] 尼克松：《真正的战争》，常铮译，新华出版社 1980 年版，第 348 页。
④ [美] 尼克松：《1999：不战而胜》，杨鲁军等译，世界知识出版社 1989 年版，第 15 页。
⑤ [美] 理查德·尼克松：《抓住时机》，刘炳章、卢佩文、张今译，新华出版社 1992 年版，第 226 页。

2. 冷战的结束并不意味着地区和小国之间冲突的结束，小规模战争的威胁急剧增长①

尼克松认为，冷战的结束并未使"新的世界秩序"到来，"在世界历史的'新时代'中"，"意识形态冲突也许不占主导地位，但是这个时代的暴力色彩可能变得比前一个时代更浓"。"共产主义在冷战中崩溃"和"冷战趋于消失并不意味着国际冲突结束"，"发展中世界的不稳定将继续对美国的利益构成重大威胁"，"几十场内战和区域性战争仍然是建立在部落、种族、民族或宗教仇视基础上的古老的斗争引起的"。②

在国家相互竞争的世界上，利益冲突和民族冲突是不可避免的，是一种必然事态。③尼克松认为，国家相互关系的核心是竞争，这种竞争使冲突成为"世界上的一种必然事态"。"某些国家对于它们已经拥有的东西"感到不满足，"试图以种种理由"和"通过种种手段来取得更多的东西"，另外一些国家"抵制这些想伸手的国家的图谋"，这使"处在这两种地位的国家之间""将发生冲突"，"如果不能和平解决它们的冲突，它们最终将试图以暴力手段来解决"。"超级大国之间冷战的结束，并不意味着小国之间冲突的结束"。④

美国一定不能让"文明之间的冲突"成为冷战结束后时代的重要特征。⑤尼克松赞同塞缪尔·亨廷顿等提出的"'文明之间的冲突'将使西方和穆斯林世界处于敌对的状态"的观点，并认为20世纪90年代以来的"军事冲突证实了这种论点"。他提出，美国如"继续听任"这种冲突，"必将引火烧身，

---

① 参见 [美] 理查德·M.尼克松：《超越和平》，范建民等译，世界知识出版社1996年版。

② 参见 [美] 理查德·尼克松：《抓住时机》，刘炳章、卢佩文、张今译，新华出版社1992年版。

③ 参见 [美] 理查德·尼克松：《抓住时机》，刘炳章、卢佩文、张今译，新华出版社1992年版。

④ 参见 [美] 理查德·尼克松：《抓住时机》，刘炳章、卢佩文、张今译，新华出版社1992年版；[美] 尼克松：《真正的和平》，钟伟云译，新华出版社1985年版。

⑤ 参见 [美] 理查德·M.尼克松：《超越和平》，范建民等译，世界知识出版社1996年版。

导致穆斯林世界与西方之间的冲突";"文明世界必须为对付恐怖主义确立统一的政策","一旦适于进行军事报复,它们应该做好准备共同行动"。①

(二)发展中世界是目前正在进行的东西方战斗的战场

美国政要认为,"在第二次世界大战结束之前,第三世界的战争就开始了",这是一场决定"发展中国家的前途"和"为了挽救自由"而进行的战争;"发展中世界"成为"目前正在进行的东西方战斗的战场"。②肯尼迪曾提出,"这种战争是独特的","它的激烈程度是新的",需要"一套全新的战略"和"一种全然不同的力量"。③

1. 美国提出,在第三世界的战争中不能置身事外,站在一旁

美国政要认为,在和平与战争之间,存在着一个广阔的不战不和的领域,美国与共产主义的竞争"将主要集中在第三世界",第三世界是全世界战争和革命的震中,"斗争将在很大程度上在这个领域决定……我们就必须在这个领域内同对手交锋"。第三世界的重要性使美国不能在这场战争中"置身事外","不能站在一旁",如果美国置身事外,西方是输定了。由于21世纪"进行公开侵略的代价将愈加高昂",如果"期望不战而胜,或者哪怕只是期望免于不战而败","就必须决心以不进行战争的方式使用我们的力量"。④

2. 美国进行东西方战斗的目标,是要建立同美国的政治制度大体上一样,把所有国家包括在内的"世界大家庭"

美国政要认为,美国的任务和所要达到的目标,是尽他们的力量建立一

---

① 参见〔美〕理查德·尼克松:《抓住时机》,刘炳章、卢佩文、张今译,新华出版社1992年版;〔美〕尼克松:《真正的和平》,钟伟云译,新华出版社1985年版。

② 参见〔美〕理查德·尼克松:《不再有越战》,王绍仁等译,世界知识出版社1998年版。

③ 时任美国总统肯尼迪1962年6月6日在军事学院毕业典礼上的讲话。

④ 参见〔美〕尼克松:《真正的战争》,常铮译,新华出版社1980年版;〔美〕尼克松:《1999:不战而胜》,杨鲁军等译,世界知识出版社1989年版。

个把所有国家包括在内的"世界大家庭"，即大体上同美国的政治制度一样，所谓按西方尺度规定的制度。换言之，美国宣扬着所谓"所有国家都有自由的经济制度和政治制度，永远忠实于社会正义和人权"的"理想世界"。这是美国"开国以来的目的"，在实现"这些不变的目的时，每一代美国人都碰到了一些不同的问题。问题改变了，但目的依然不变"。实际上，美国的目标是与社会主义的目标背道而驰的，美国与社会主义国家是"两个互不相容的制度和概念之间的斗争"，斗争"将继续下去，直到自由取得胜利为止"。①

尼克松说，20 世纪的后半个世纪"我们一直生活在两种互相矛盾的意识形态引起的两个超级大国的冲突占支配地位的世界上。东西方斗争是这个时代的主导特点"。美国国务院前政策计划委员会主席罗斯托认为，斗争的"最终问题"是"这个小小的星球应根据共产主义集团的原则组织起来呢，还是根据致力于人类自由的独立国家之间的自愿合作的原则组织起来"，走向"自由国家大家庭"。②

美国政要认为，美国同苏联"冲突的根子在于两个超级大国在意识形态、利益及意图上存在着深刻的差异"，"是两种世界之间的巨大斗争的一部分"，"直接牵涉到我们自己的最切身的利益"。"苏联企图扩张共产主义"，"而美国则要阻止共产主义"。"美苏冲突不是一个问题，而是一种状态"，"问题可以加以解决，而状态只能对待"；"竞争是苏美关系的核心，并将决定谁将在超级大国的争斗中取胜"。③

---

① 参见［美］理查德·M.尼克松：《超越和平》，范建民等译，世界知识出版社 1996 年版。

② 参见［美］理查德·尼克松：《抓住时机》，刘炳章、卢佩文、张今译，新华出版社 1992 年版。

③ 参见［美］尼克松：《1999：不战而胜》，杨鲁军等译，世界知识出版社 1989 年版。

（三）尽管战争作为推行政策的一种手段已经过时，但是战争工具必须在维持和平方面继续起作用①

尼克松认为，"战争是一种可供选择的办法的时代已经过去。和平是今后唯一的选择。我们目前正处在和平与战争之间的充满危险的中间状态"，"军事威慑，包括核力量在内，是任何持久和平必不可少的组成部分。当每一方都持有一手同样好的牌时，潜在的侵略者很可能就不敢轻举妄动"。②

二、真正的和平是容忍冲突的一种手段③

在历届美国总统中，尼克松是对和平问题论述最多、观点最为鲜明的一位。他的和平观点较坦率地反映了美国统治集团对和平的一些真实看法。

尼克松将和平分为"真正的和平"与"完美的和平"两种，并一再申明，他所说的和平"不是神话式的完美的和平"，"而是一种建立在对于严峻的现实的共同认识上的真正的和平"。这种和平承认"它们之间有深刻的、不可调和的分歧，但是它们的生存有赖于它们找到一些途径，以便不必打仗就能处理好它们的分歧"④。

尼克松认为，真正的和平不会"突然地、一劳永逸地"在某种方案中产生，而是"一个处理和控制竞争中的各国、各种制度和各种国际野心之间发生的冲突的持续过程"。这种"和平不是冲突的消亡"，"不是矛盾的终结"，"反倒是容忍冲突的一种手段"，是迄今存在过的唯一一种和平。没有美国，和平和自由就没有可能继续保持下去。⑤

---

① 参见［美］尼克松：《真正的和平》，钟伟云译，新华出版社 1985 年版。
② ［美］尼克松：《真正的和平》，钟伟云译，新华出版社 1985 年版，第2—3页。
③ 参见［美］尼克松：《真正的和平》，钟伟云译，新华出版社 1985 年版。
④ 参见［美］尼克松：《真正的和平》，钟伟云译，新华出版社 1985 年版。
⑤ 参见［美］尼克松：《真正的和平》，钟伟云译，新华出版社 1985 年版。

尼克松还认为，"矛盾是世界上的一种自然状态"，"是人类固有的"。"各国必定会在多种问题上、通过各种手段发生矛盾，这些矛盾会导致暴力的危险将永远存在"。现实的和平就是"学会与矛盾共存的一种手段"，"是处理矛盾使之不致爆发为战争"。"最能考验某一国家特性的不是看它如何承受战争带来的不幸，而是看它如何应付和平的挑战"。①

（一）在现实世界中，和平与实力是不可分的

尼克松认为，"世界和平与国家实力是不可分的"。对于意识形态根本对立的国家来说，"所谋求的和平不可能建立在彼此友好上。它只能建立在互相尊重对方的实力上"。②

1. 完美的和平只存在于外交家的空想和坟墓中

尼克松认为，"在一个人们之间的冲突始终存在并且到处扩散的世界上"，完美的、永久的和平只存在于"两个地方：在坟墓里和在打字机上"。这种和平"是个幻想"，"是用美好的思想和漂亮的言词塑造出来的"，"它过去从未有过，今后也永远不会有"。"理想主义者们盼望一个没有冲突的世界"，这是"一个过去从来不曾有过、将来也永远不会出现的世界"。尼克松认为，"现实的世界不是环绕着关于'和平全面实现'的一厢情愿的想法运转的，而是环绕着地缘政治学的持久的现实情况运转的"，"把真正的和平跟完美的和平混为一谈"是一种危险，"我们不应徒劳无功地探寻完美的和平，而应转而努力缔造现实的和平"。③

2. 以贸易和友谊求和平的神话

尼克松认为，以贸易和友谊求和平是一种神话，是错误的想法。鼓吹

---

①　参见［美］尼克松：《1999：不战而胜》，杨鲁军等译，世界知识出版社 1989 年版。

②　参见［美］理查德·尼克松：《不再有越战》，王绍仁等译，世界知识出版社 1998 年版。

③　参考［美］尼克松：《真正的和平》，钟伟云译，新华出版社 1985 年版。

"经济力量已经取代军事力量，成为外交政策的主要工具"是一种庸人的观点。"贸易本身决不能产生和平或防止战争"，"以贸易求和平过去没有奏效，现在也决不会奏效"。"经济关系永远不能代替威慑和竞争"，"虽然经济上的相互依靠限制了每个国家的行动自由，但是这并没有使军事力量变得没有意义"，当"一个问题涉及生命攸关的国家利益，为了取得胜利，一个大国甚至会抛弃最牢固的经济联系"。"如果正确地处理经济关系，就能够加强威慑和竞争力"，使贸易"成为一种对潜在的侵略者起遏制作用的重要附加力量"，但"它从来不能代替建立在军事力量基础上的实实在在的威慑力量"。握手言欢改变不了国家的野心或利益。[①]

（二）和平不是最后的目的，和平应当是实现一个更高的目的的手段[②]

尼克松认为，人们不应当让自己受到不惜一切代价换取和平的主张的诱惑，"假如和平真的是我们的唯一目标，我们毕竟能够在我们希望的任何时候得到它——投降就是了"，"我们谋求的和平必须是同正义结合在一起的和平"。和平应当是实现"人人都能享受自由、正义和进步的福祉的新世界"的手段。如果把和平作为"我们的唯一目标，那么已经赢得的自由可能受到危害"。和平是一个伟大的目标，但它不是包治百病的灵丹妙药。[③]

---

① 参见 [美] 尼克松：《真正的和平》，钟伟云译，新华出版社 1985 年版；[美] 尼克松：《1999：不战而胜》，杨鲁军等译，世界知识出版社 1989 年版；[美] 理查德·尼克松：《抓住时机》，刘炳章、卢佩文、张今译，新华出版社 1992 年版。

② 参见 [美] 理查德·尼克松：《抓住时机》，刘炳章、卢佩文、张今译，新华出版社 1992 年版。

③ 参见 [美] 尼克松：《真正的和平》，钟伟云译，新华出版社 1985 年版；[美] 理查德·尼克松：《抓住时机》，刘炳章、卢佩文、张今译，新华出版社 1992 年版；[美] 理查德·M.尼克松：《超越和平》，范建民等译，世界知识出版社 1996 年版。

（三）为了保持和平和保卫美国的自由，美国必须奉行一种清醒的缓和政策①

冷战期间，美国对社会主义国家先后实行了遏制与缓和的政策。美国政要、学者们为这两种政策中的哪种用来对付社会主义国家会更有效，一直争论到冷战结束。尼克松说："对于这个词的辩论充满了太多的感情色彩，以致对实质的争论变成了语义学的争论。因此，我们必须弄清楚清醒的缓和是什么和不是什么。"②

尼克松有关"缓和"的观点可以概括为五条：

1.缓和不是冷战的替代物，缓和和冷战都是美苏两大国之间热战的替代物，特别是两大国之间的核战争的替代物。由于两个超级大国都有能力消灭对方，确保不让对抗变得无法控制是符合双方的利益的，缓和的主要目的是避免核战争。但是，有许多事情缓和是做不了的，缓和消除不了美国同苏联的竞争，但将能大大减少次要领域中的危险，并为和平解决主要领域中的对抗铺平道路。

2.美国的政策必须把缓和与威慑结合起来。适应当时世界的现实，西方必须调整它的政策，必须把威慑与缓和结合起来。有遏制而无缓和既是危险的，又是愚蠢的。其所以是危险的，是因为超级大国拥有令人生畏的核武库；"其所以是愚蠢的，是因为它使我们无法利用苏联和中国的分歧。但是有缓和而无遏制也是一种空洞的幻想"③。

3.缓和是为了扩大合作因素和对竞争因素实行某种限制的尝试。竞争是国家关系中的一个不可避免的因素，尽管如此，某种合作是可能的和必不可少的。缓和容许抱有希望，但是它不容许盲目乐观。

4.没有威慑的缓和是一张必然引向退却和失败的处方。没有遏制，就不

---

① 参见［美］尼克松：《真正的和平》，钟伟云译，新华出版社 1985 年版。
② ［美］尼克松：《真正的和平》，钟伟云译，新华出版社 1985 年版，第 29 页。
③ ［美］尼克松：《真正的战争》，常铮译，新华出版社 1980 年版，第 350 页。

可能有缓和，只有威慑有了保障，缓和才能是有效的。

5. 实行清醒的缓和，既要用胡萝卜，也要用大棒。

三、核武器大大改变了世界运行的方式①

美国政要、一些学者和新闻媒体认为，核武器这个新的力量改变了"战争的性质"，"也将改变和平的性质"。1953 年，杜鲁门说："我们现在已进入了原子时代，战争已经发生了技术上的变化，这种变化使它和过去的战争迥然不同。"美国的核战略随着其核优势的变化而变化。

（一）美国在对苏联拥有核优势时，一直把打核战争作为一种选择

1962 年，时任美国国防部长麦克纳马拉说："虽然任何国家在有理性的情况下都不可采取导致核战争的步骤，但是这样一个事实并不能保证就不会爆发核战争"，"只有发生可以可靠地使用核武器的情况——采取替代办法也许比核战争的风险更糟（例如逐步向共产党人的侵略屈服）的情况——核武器才是一个合理的武器"。美国前总统肯尼迪提出，"在某些情形下，我们必须准备一开始就使用核武器"。

1. 美国行动的刀刃是非核力量，核力量放在背后

1959 年，美国前参谋长联席会议主席泰勒认为，美国的战略"原子威慑力量，将成为一面盾牌"，这面盾牌为美国提供保障，"但不是一种灵活运用的工具"。因为，"在未来的军事行动中，有限战争力量将起一种积极的作用，而原子报复力量则只能起一种消极的作用"。美国的"大规模报复战略可能阻止了大战"的爆发，但未能"消除局部地区的骚动"②。

---

① 参见［美］尼克松：《1999：不战而胜》，杨鲁军等译，世界知识出版社 1989 年版。

② 参见［美］马克斯威尔·泰勒：《不定的号角》，王群译，解放军出版社 1963 年版。

美国政要和军界将领们认为：核力量不能用于"灌木林火式"的外围战争；美国必须拥有足够的非核力量，在边缘局势中可进行常规的选择，这样美国就不会由于没有其他选择而不得不进行核战争。世界冲突的结局将可能取决于非常规的、有限的战争，美国的强大核武器对第三世界的冲突影响不大，占优势的常规军事力量可能对付不了一个采取非常规战的敌人。美国不能面对这样一种选择：或者进行全面战争，或者接受全面失败。

2."有限核战争"是美国最有效的战略

1957 年，基辛格认为，"与拥有核武器的国家作战或与能够以人力代替科学技术的大国作战，有限核战争是我们最有效的战略"，"有限核战争的政策也不应该被当作使我们放松全面战争准备的手段"[1]。1959 年，泰勒也认为，"在比较罕见的情况和符合我国利益的条件下"，可以"使用战术原子武器"[2]。

（二）在苏联取得与美国的战略核均势后，美国认为一个超级大国再也不能用战争作为对付另一个超级大国的政策工具了

尼克松提出，冷战期间，美苏两个超级大国"拥有相互摧毁并摧毁其余世界的力量。这大大降低了发生全球核战争的可能性"；"两个超级大国都经受不起相互打仗"，诉诸战争"这一最后手段，就是自取灭亡。在核战争时代，用战争手段把我们的政治分歧继续下去，就会使我们今天的文明毁灭"[3]。

美国政要和一些学者认为：超级大国之间的直接冲突几乎肯定会升级而动用核武器；任何局部战争都可能突然蔓延成一场核子屠杀，核战争可能是一切国家和社会的毁灭；在任何常规的或者核的世界大战中，将不会有胜利

---

①　参见〔美〕亨利·基辛格：《核武器与对外政策》，北京编译社译，世界知识出版社 1959年版。

②　参见〔美〕马克斯威尔·泰勒：《不定的号角》，王群译，解放军出版社 1963 年版。

③　参见〔美〕理查德·M.尼克松：《超越和平》，范建民等译，世界知识出版社 1996 年版；〔美〕尼克松：《真正的和平》，钟伟云译，新华出版社 1985 年版。

者，只有失败者；核均势改变了美苏冲突的性质，核武器使大国之间的战争作为解决矛盾的手段过时了；21 世纪，由于核武器的摧毁力，不会再有世界大战了；美国除了保持足够的核威慑力量，还必须学会在不进行直接军事干预的情况下进行竞争。

（三）发展中国家试图成为核国家，使核战争的噩梦有可能成为现实

尼克松认为，"发展中世界的所有国家现在都试图成为核国家"，"其结果是，现在核战争的危险比冷战时期更严重了"。[①]

（四）在可以预见的未来，核武器和核战争的威胁都将存在，核武器必须成为美国战略的一部分

美国政要们认为，核武器和核战争的威胁是国际生活中的一个基本事实，核武器必须成为美国制止战争爆发的战略的一部分。尼克松提出，"指责核威慑是不道德的说法"是不负责任的，美国"必须拥有核武器来遏制潜在的侵略者发动战争或迫使我们不战而降"。[②]

四、为了美国的切身利益，必须把采取和平的办法和坚决的行动结合起来，使这两个东西互相补充

美国政要认为，美国在保护自己的切身利益时，应该把"坚定性和灵活性结合起来"，运用"和平的办法"和军事的办法，使这两个东西互相补充。美国必须具备意识形态、外交、经济援助、军事援助、军事力量和秘密行动这六个方面的能力，同时"必须懂得在什么地方以什么方式使用每一种手段"，美国"不能仅靠榜样或是仅靠强权来行使领导，而是必须将两者中最

---

① 参见 [美] 理查德·M.尼克松：《超越和平》，范建民等译，世界知识出版社 1996 年版。
② 参见 [美] 尼克松：《1999：不战而胜》，杨鲁军等译，世界知识出版社 1989 年版。

完美的因素结合起来"。①

(一) 美国认为它必须保持一支强大的多样化军事力量，能够进行广泛性质的军事活动

第二次世界大战后，美国无论哪一党、哪个总统上台执政，都一如既往地把加强和保持美国巨大和多样的武库，作为保卫美国利益的可供选择的手段。

1961年肯尼迪一就任美国总统就提出，"首先我们必须加强我们的军事工具"。他认为，"在面临着一个新的、困难的世界"，美国"必须保持一支强大的、多样化的军事力量，一支能够进行广泛性质的军事活动的部队"。约翰逊则称，美国绝"不让我们的对手在任何一种可能发生的战争中占优势，不论是核战争，常规战争，还是游击战"。当苏联取得与美国的战略核均势后，尼克松认为美国"迫切需要大大增加我们的一般任务部队和加强我们的地区能力"②。

尼克松认为，以为"发射核武器会有遭受灾难性报复的危险，任何清醒的领导人都不会考虑使用它，因此核武器是无用的。这是一种错误的观点"。"虽然超级大国的庞大核武库在总体战中没有军事上的用途"，但在大国"争夺中仍有政治上的用途：核武器仍可用来恐吓对方"。③

(二) 美国认为西方国家单靠军事威力是不能取胜的

肯尼迪曾提出，在当时的时代"没有什么重要问题是单靠军事力量而获得解决的"，"世界的局势必须要从社会、经济和政治基础上对付"。美国政要认为：

① 参见〔美〕尼克松：《1999：不战而胜》，杨鲁军等译，世界知识出版社1989年版；〔美〕理查德·M.尼克松：《超越和平》，范建民等译，世界知识出版社1996年版。
② 〔美〕尼克松：《真正的战争》，常铮译，新华出版社1980年版，第185页。
③ 〔美〕尼克松：《1999：不战而胜》，杨鲁军等译，世界知识出版社1989年版，第58—59页。

1. 在世界的竞争中，西方所谓最有力的武器之一就是自由思想，美国总统必须充分运用自由思想这个武器，并且要运用得恰当而有效。

2. 经济力量本身就是一种强有力的武器，如果巧妙地加以使用，就能促进西方的利益：经济力量是政治力量的基础；经济力量既可以作为美国的剑，又可以作为美国的犁头；贸易是美国可以拿出来换取政治和外交上的让步的主要东西之一；贸易能够加强威慑力量，贸易必须是胡萝卜，军事力量必须是大棒。

3. 美国必须学会通过提供外援来实现其战略目标。美国在冷战时期，提供的大部分外援都是与美国的安全利益直接联系在一起的。尼克松认为，在冷战结束后，美国提供外援应继续以"实现我们的战略目标""符合我们的利益"为条件，"援助应用作创始资本"，为建立"自由市场经济创造良好的条件"，"必须也为我们的更广泛的价值观念服务"。①

4. 没有军事实力和在重要的冲突中果断地有选择地使用军事实力的决心，美国将不战自败，要把温和的调子与强硬的行动结合起来。

5. 根据形势需要，军事、政治、经济和心理的手段要交替采用或兼施并用。美国在不能采取直接军事干预和通过经援、军援实现其目标时，"必须能够以隐蔽方式采取行动"，而大多数秘密行动应"向那些支持美国目标的个人和组织提供资助"。②

五、必须利用一切"和平手段"来渗透苏联

1956 年 4 月，艾森豪威尔发表了名为《寻求世界安全》的演说，提出

---

① 参见〔美〕尼克松：《真正的和平》，钟伟云译，新华出版社 1985 年版；〔美〕尼克松：《1999：不战而胜》，杨鲁军等译，世界知识出版社 1989 年版；〔美〕理查德·尼克松：《抓住时机》，刘炳章、卢佩文、张今译，新华出版社 1992 年版；〔美〕理查德·M.尼克松：《超越和平》，范建民等译，世界知识出版社 1996 年版。

② 〔美〕尼克松：《1999：不战而胜》，杨鲁军等译，世界知识出版社 1989 年版，第 107 页。

对社会主义阵营国家实施"和平演变"的方针，称"我们必须利用一切和平手段来诱导苏联集团，使它纠正现存的一些不合乎正义的事情"。第二年，他又在北约组织会议上提出，"在自由国家面前摆着用和平手段取得胜利的明显可能性"，这是一个"高尚战略"。艾森豪威尔政府时期的国务卿杜勒斯，针对当时的苏联领导人的一些做法说，"现在有些征象表明新的时代也许正在破晓"，"这种变化的结果也许会产生——不是今年，也不是明年，而是若干年后"。美国必须"全力以赴"地执行艾森豪威尔的"高尚战略"，"它的代价将是高昂的，这不仅仅是就金钱来说，而且特别是就意志、坚韧性、信心来说。"由此，"和平演变"与冷战一起成为对付社会主义国家的手段。

（一）从长期看，美国认为可以鼓励社会主义阵营国家本身内部的"和平演变"，这要许多年才能完成[①]

从艾森豪威尔政府起，美国的政要和一些学者们都认为，有可能使社会主义阵营国家"内部发生基本的变化"。"我们无法预料，仍在共产党统治下的国家和人民可能在什么时候或者用什么手段走向自由。但是我们必须始终在他们面前燃起自由之灯"，"我们盼望着这么一天"。"在 10 年或者 1 代期间"，"达到我们政策的最大目标"。肯尼迪曾赤裸裸地宣称，"怎样铲除共产主义运动，这个问题显然还没有轻而易举的解决办法"，一个办法将是由共产党人"自己来干"，"另一个办法是通过来自外间的行动"。尼克松认为，"这项任务不是几十年就能完成的，而是要许多代才能完成"。[②]

1963 年 4 月，肯尼迪提出，实现"和平演变""是依靠人的制度的逐步演变"。同年 6 月，美国前驻苏联大使凯南认为，"从世界和平的前景这一角度来看，俄国的做法是比较鼓舞人心和使人抱有希望的"。尼克松则认为，美国等西方集团将在"和平演变"中不战而胜。1984 年他说："如果我们坚

---

① ［美］尼克松：《真正的战争》，常铮译，新华出版社 1980 年版，第 375 页。
② ［美］尼克松：《真正的战争》，常铮译，新华出版社 1980 年版，第 375 页。

定自己的意志，我们就不必对竞争的结果感到悲观。随着一代人接替另一代人，我们将开始看到东方集团内部出现和平演变的过程……从长远来说，我们将获胜，而且是不战而胜。"①

(二) 在这个世界上即使是站稳脚跟的共产党政府，都不可避免地受到演变力量的影响

对于美国一些人认为，对社会主义阵营国家实行"军事演变太危险，而和平演变不可能"，尼克松不完全赞同这种观点。他认为，"他们在第一点上是正确的，然而在第二点上是错误的。在这个世界上，任何事务，即使是站稳脚跟的共产党政府，都不可避免地受到演变力量的影响"。只要美国在竞争中"采取负责任的政策，我们就能够帮助积极变化进程的形成和加速发展"。美国必须寻求与希望实行"真正改革"的共产党领导人进行合作。②

1.实现"和平演变"的先决条件是军事威慑

美国的政要和一些学者一致认为，使苏联等社会主义国家不被视为军事上最强大的国家是至关重要的。

2.以美国的一切力量和洞察力分化当时社会主义阵营国家走向"自由世界大家庭"

1964年，美国副国务卿哈里曼说："我们将坚定不移地进行这种努力，并且将以一切切实可行的方式运用我们的影响来实现这个目标"，"鼓励和帮助"社会主义国家实行这种"演变"。但是"我们将记住这些国家中没有任何两个国家在摆脱斯大林主义的过去的步调或方式方面是一样的。我们打算根据不同的需要和其中每个国家提供的机会来拟订我们的政策"。

---

① [美] 尼克松：《真正的和平》，钟伟云译，新华出版社1985年版，第116页。
② [美] 尼克松：《1999：不战而胜》，杨鲁军等译，世界知识出版社1989年版，第146页。

3. 美国的影响不仅来源于美国的军事和经济力量，而且来源于美国所标榜的所谓理想和榜样的感召力

美国政要认为，美国的"制度和理想的优越性"，给美国对社会主义阵营国家推行"和平演变"战略提供了"重大的有利条件"。只要美国"与东方的来往越多，我们向东方显示西方榜样的力量的机会就越多。西方榜样的力量是即使共产党上层人物也难以抵抗的力量"。①

4. 美国的和平竞赛战略，是寻找一种方法使竞赛在社会主义阵营国家本土上进行

美国政要和一些学者们认为，西方与社会主义阵营国家是"竞争对手"，美国应该积极与社会主义阵营国家进行"和平竞争"。美国推行的"和平竞赛战略"关系到它们的全球关系的各个方面。尼克松认为，美国与社会主义阵营国家的"竞争绝不能只限于非共产党世界"，那"是自寻失败的道路"。"除非我们发动攻势——但是是和平攻势"，否则美国不能在争斗中获得胜利。"在这场竞赛中，我们的最困难的问题，是寻找一种办法越过、潜入和绕过铁幕"，"在共产党世界与他们竞争"。美国必须采取一些政策，使社会主义阵营国家"参加我们两种制度之间的竞争，以在他们的制度中促进和平演变"。"从长远看，和平竞争与保持我们的军事威慑力量对于美苏争斗的结果同等重要"②。

这些政要和学者认为：社会主义阵营国家和美国的社会之间的接触会播下不满的种子，这些种子有朝一日将结出"和平演变"之果，美国必须采取最大限度地增加这种交流的政策；对共产党政权施以各种经济实力武器，增加贸易接触，能够促进共产党集团内部的"和平演变"；必须把贸易当作一种武器，而不能当作一种礼物，这确保了共产主义在自行崩溃的前几年甚至

---

① ［美］尼克松：《1999：不战而胜》，杨鲁军等译，世界知识出版社 1989 年版，第 154 页。

② ［美］尼克松：《1999：不战而胜》，杨鲁军等译，世界知识出版社 1989 年版，第 145—146 页。

前几十年便遭到失败。

5.要对不同的社会主义阵营国家区别采取友好或敌视的政策

"加强共产主义世界内部的分歧","这是极为重要的"。

(三) 美国和中国关系的发展有一个不能超越的限度

尼克松认为,美国对中国"首先考虑进行长期投资,这种投资将使中国未来的进步依靠同西方继续合作"。由于美国与中国"不是盟国",关系的发展"有一个不能超越的限度","在变幻不定的国际现实面前,我们之间没有什么共同的经历、斗争或理想可以使我们永不分离;除非中国发生一场大规模的政治改革运动,否则我们对于如何治理国家的基本观点仍将是针锋相对的"。"中美关系的前途既掌握在美国政治家手中,也掌握在美国企业界人士手中"。中国可能采取哪条路线,最后可能决定西方的存亡。①

(四) 20 世纪在苏联和东欧击败共产主义,仅是 21 世纪"自由"在全世界获胜的第一步

苏联解体后尼克松称,西方国家在冷战中"击败共产主义""不仅仅是军事的,也是意识形态、政治和经济诸方面的胜利",是"自由的人民在整个文明史上所取得的最辉煌的成就之一","当我们庆祝东欧和苏联共产主义失败的时候,必须抓住时机争取和平与自由在全世界获得胜利"。②

尼克松提出,"共产党在世界范围内的意识形态斗争中失败了。但是,他们输掉这场斗争的事实并不意味着西方赢得了斗争的胜利",在 21 世纪"没有任何一桩事比政治自由和经济自由能否在俄国和其他前共产主义国家生根并茁壮成长对世界的政治影响更大"。"在这一过渡最终转化为不可逆转

---

① 参考 [美] 尼克松:《1999:不战而胜》,杨鲁军等译,世界知识出版社 1989 年版。

② 参考 [美] 理查德·尼克松:《抓住时机》,刘炳章、卢佩文、张今译,新华出版社 1992 年版;[美] 理查德·M.尼克松:《超越和平》,范建民等译,世界知识出版社 1996 年版。

的政治自由、经济自由和非侵略性对外政策之前，始终存在着被粉碎的苏联帝国的残余力量对世界杀一个回马枪并带来灾难性后果的危险。"他认为，美国在冷战以后面临着比冷战期间更大的挑战，因为：自冷战结束以来，选择以何种方式和时间为和平和自由而战甚至变得比以往更复杂了；美国的国内问题更趋恶化了；超级大国之间冷战的结束，并不意味着小国之间冲突的结束。①

（五）21 世纪最重大的挑战之一，是处理信奉针锋相对的意识形态的各国人民之间依然并将永远存在的深刻分歧

尼克松认为，21 世纪仍将"有两种革命变革正威胁着第三世界"，"第一种是共产主义革命"，第二种是宗教激进主义，后者"取代共产主义成为暴力革命的主要手段"。美国必须关心第三世界发生的事情，因为它涉及美国的巨大的战略利益和经济利益。如果 21 世纪要成为和平的世纪，就必须解决第三世界困苦和战争的原因，不然"当一场革命平息后，另一场革命还将会发生"。"第三世界"的说法已经"过时"，现在只存在由发达国家和发展中国家组成的两个"世界"，"如果今后仍然存在着'两个世界的故事'，未来的和平和稳定的基础就是建立在沙滩之上"。

六、军备不是引起战争的原因，军备控制也不能实现和平

尼克松认为，"战争并不是由于武器的存在而引起的，而是由于各国之间的政治分歧导致了使用武器而引起的"，"扩军是政治冲突的一种症状，而不是病因。我们固然应设法缓解症状，但不应忽视疾病本身"；"裁军的主张，是建立在把人们的意图与人们借以实现他们的意图的手段等同起来这种逻辑谬误上的"；"由于这一根本性的误解，裁军主义者们认为最有希望实现

———————

① 参考［美］理查德·M. 尼克松：《超越和平》，范建民等译，世界知识出版社 1996 年版。

和平的办法，恰恰是导致国际灾难的一张处方"。

美国政要认为，军备是由政治上的分歧与对抗关系决定的，在消除这些利益冲突之前企图解除军备，是本末倒置；裁军的神话是各种和平神话的鼻祖。

（一）美国必须同时走裁军谈判和扩充军备这两条道路，保持高度的军事效能

美国政要主张，美国的目标必须不是裁军，而是实现一种稳定的战略均势，绝不削弱保卫美国制度的手段。美国政府不会提出任何形式的、会使力量平衡发生不利于美国的转变的建议。

（二）全面核裁军是一个不可能实现的梦想

尼克松说，主张消除核武器的人生活在梦幻之中，"核裁军运动的最轻率、最危险的谬论之一是：假如没有核武器，世界上的日子必定能好过一些"。[1]

美国政要和一些学者们认为：核武器将永远存在下去，只要人们知道怎样制造核武器，就不能一味幻想从地球上消灭核武器，必须接受这些严酷的现实；虽然不能消灭核武，但美国能够做许多事情来防止使用核武器。只有通过学会同美国的敌手和平共存，美国才能学会同核武器共存，否则美国会死于原子弹；防止核武器技术扩散到其他国家，符合美国的利益；为了制止核扩散，超级大国必须共同作出努力；没有美国对世界的领导，"避免核无政府状态"是得不到解决的。

第四节　第二国际机会主义和冷战时期前社会主义国家以及法共、意共关于战争与和平问题的代表性观点

从 1889 年第二国际成立，到 1991 年苏联解体的 102 年间，是人类社会

---

[1]　[美] 尼克松：《真正的和平》，钟伟云译，新华出版社 1985 年版，第 3 页。

制度剧烈变化的时代，国际共运风起云涌、波澜壮阔，取得了辉煌的成就。第一次世界大战之后出现了世界上第一个社会主义国家——苏联，第二次世界大战又打出了一个社会主义阵营。但赢得战争的社会主义国家，却在和平中被战败。苏联、南斯拉夫曾打赢人类历史上至今规模最大、最残酷、最激烈的第二次世界大战，而在和平的冷战中，执政的共产党却丢掉了政权，社会主义制度被推翻，统一的国家解体。东欧和蒙古等一批社会主义国家也在和平中被"演变"，国际共运遭到前所未有的挫折。

在一些国家，和平的"演变"带来的却是战争。前南斯拉夫联邦的解体引发了强烈的民族对立，斯洛文尼亚、克罗地亚、波斯尼亚、科索沃和马其顿等原联邦的共和国都发生了内战，北约还对南斯拉夫进行了大规模空袭。苏联的解体，仅在俄罗斯就引发了两次车臣战争。

这些震撼世界的重大事件，无不与战争与和平问题紧密相连，无不与有关战争与和平的各种观点、思潮在国际共运中的激烈交锋有关。违背马克思主义有关战争与和平问题基本原理的错误观点和思潮的传播、蔓延，是引发社会主义国家制度发生蜕变的思想根源之一。本书选择第二国际机会主义者和苏联、南斯拉夫、民主德国、捷克斯洛伐克、保加利亚、匈牙利、蒙古以及法共、意共等国家（党）领导人、政府与主要报刊有关战争与和平问题的代表性观点，并介绍如下。

一、对帝国主义时代的战争根源的看法

世界进入帝国主义时代后，国际共运中出现了否认资本主义私有制、帝国主义是现代社会战争根源的思潮。这种思潮的代表人物，第二国际时期是德国的考茨基、法国的饶勒斯等，冷战时期是苏联的赫鲁晓夫和南斯拉夫的铁托、卡德尔等。他们的观点本身是混乱与矛盾的，概括起来可分为六个方面。

(一) 认为"处于组织状态的最现代的资本主义"是"一种和平的力量"

1911 年，法国社会党的饶勒斯最先提出上述观点。1912 年，德国社会民主党的哈阿兹说："各个国家的资本主义集团层出不穷地在国际范围内互相联结和交织在一起。它们认为：在它们之间分配一下世界的销售市场，比进行精疲力竭的、结局把握不定的并且威胁着利润的斗争，要有利得多。……这样一来，经济的依赖性就成为阻止战争挑拨者的一种因素。"①1914 年，考茨基提出"超帝国主义论"，认为"超帝国主义的危险性不在于军备竞赛和威胁世界和平，而在于别的方面"，"整个资产阶级社会将和无产阶级一样由于战争受到最大的损害"，"甚至还要大"。现在的帝国主义政策会"被一种新的超帝国主义的政策所代替，这种新的超帝国主义的政策将以实行国际联合的金融资本共同剥削世界来代替各国金融资本的相互斗争"②。考茨基的文章还没有来得及发表，第一次世界大战就爆发了。在战争期间，考茨基发挥了自己的观点，认为"超帝国主义暂时也能带来资本主义范围的一个新希望和新期待的时代"③。

(二) 认为帝国主义对世界和平的危害是微小的

1928 年，考茨基在谈到"我们时代的战争根源"时提出，"那种把资本主义和帝国主义等量齐观，认为两者必然具有好战性质，认为随着资本主义工业的发展，战争的危险性也不断增加的看法。再没有比这种看法更错误的了"。"帝国主义对世界和平的危害毕竟是微小的"，"如果说有人在今天还随便谈论帝国主义战争的危险，那末所根据的是传统的陈词滥调，而不是对我们时代的考察。不错，在个别民族的资本家党徒之间还存在着冲突，但是，

---

① 参见《第二国际修正主义者关于战争与和平问题的反动言论》，人民出版社 1964 年版。
② 参见《第二国际修正主义者关于战争与和平问题的反动言论》，人民出版社 1964 年版。
③ 参见《第二国际修正主义者关于战争与和平问题的反动言论》，人民出版社 1964 年版。

这些冲突还不够重大，还不至于要费九牛二虎之力去克服它们"。"正在增长的资本追求特殊利润、新的投资场所和垄断的贪欲近来找到了另外的、比帝国主义的方法耗费较少、危险较小而同样有效的方法。"[①]

（三）认为"只要资本主义生产方式占统治地位"，战争就是不可避免的观点"是再错误不过的了"[②]

1928 年，考茨基在《国防问题和社会民主党》中提出了这个观点。28年后，赫鲁晓夫在苏共第二十次代表大会的总结报告中说："有这样一个马克思列宁主义的原理：只要帝国主义存在，战争是不可避免的"。在第二次世界大战以前的"那个时期，上述原理是绝对正确的。但在目前，情况已经根本改变"，"战争并不是注定不可避免的"，"今天强大的社会力量和政治力量拥有实实在在的手段，不容许帝国主义者发动战争"。1960 年，卡德尔说："第二次世界大战期间及战后，世界上的条件和力量对比都发生了根本变化，这一事实本身就说明关于战争不可避免的原理的客观意义也已改变。"同年 9 月，东德统一社会党中央机关刊物《统一》的社论提出，"如果今天还坚持战争不可避免的观点，那就意味着从历史唯物主义堕落到宿命论"。他们认为，促使"战争不可避免的原理"改变的主要因素有如下四点：

第一，生产力使各国经济上相互依赖，这种联系使作为解决各国间争端工具的战争毫无意义。南斯拉夫的科桑诺维奇认为，"排除战争的必然性和不可避免性的第一个客观因素，就是生产力的发展"，"对于由世界的客观现实性和生产力的进步产生的国际合作的需要愈是迫切，以及各民族的经济的相互联系愈是紧密，就不可避免地产生关于所有国家的利益都普遍一致的意识"[③]。卡德尔认为，"正是由于高度发展的技术要求无所不包的国际分工，并由此形成世界所有人们的共同利益感"，"这样，从人们和所有民族的政治概

---

① 参见《第二国际修正主义者关于战争与和平问题的反动言论》，人民出版社 1964 年版。

② 参见《第二国际修正主义者关于战争与和平问题的反动言论》，人民出版社 1964 年版。

③ 参见《南斯拉夫铁托集团关于战争与和平问题的反动言论》，人民出版社 1964 年版。

念和道义概念的观点出发，战争就愈来愈不能被接受了"。①《南斯拉夫共产主义者联盟纲领》认为，"这种发展促使全世界事实上的联系和各国经济紧密的相互依赖，这种联系使作为解决各国间一切问题和争端的工具的战争在后果上毫无意义"②。

第二，在现代条件下，资本主义不平衡的经济政治发展规律的作用不一定导致战争爆发。第二次世界大战后，前社会主义国家和法共、意共一些人认为：导致战争的规律已受到限制和束缚，正在退出历史舞台，现在已经不能单纯从资本主义规律的作用着眼来看待现时代的根本问题，例如战争与和平的问题；世界由于经济问题而打仗的时期已经成为过去，因为发达国家生产力的发展达到了高度水平，因此它们没有必要为了获得财富而去征服某个国家，因为它们自己可以生产足够数量的财富，无论如何今天国与国之间的战争是荒谬的；新的世界大战可以避免的可能性本身无条件地也包含着局部战争的可以避免性，不能认为世界大战可以避免，而局部战争不能避免，帝国主义发动局部战争的可能越来越受到限制。

第三，世界一体化使战争成为一种毫无必要的荒谬的事情。1962年，铁托提出，"经济一体化是我们的前景"，"一体化应在世界各国人民中间发展合作。而政治一体化将随经济一体化而来。因此，战争是一种毫无必要的荒谬的事情"。

第四，现在把战争根本从人类社会中消除掉已经成为现实的、可以达到的目标了。苏联政府在1960年提出的裁军新建议中称，"人们世世代代憧憬着结束战争，把战争根本从人类社会中消除掉，这一伟大目标现在已经成为现实的、可以达到的目标了"。铁托也说："我们相信并认为，战争不再是不可避免的，即存在着永远排除以战争作为解决国际争端政策和方法的手段的现实前景。"捷克斯洛伐克的霍尔尼称："由于世界阶级实力（即政治的、经

① 参见《南斯拉夫铁托集团关于战争与和平问题的反动言论》，人民出版社1964年版。
② 参见《南斯拉夫铁托集团关于战争与和平问题的反动言论》，人民出版社1964年版。

济的、道义思想的和军事战略的实力）对比的根本变化，——由于现代武器和现代战争方式性质上的根本变化，——由于人民群众对战争与和平问题的观点和实际态度上的根本变化，不是用和平的、相反倒是用战争的方式解决国际矛盾成了无可指望的事情了。"同年 8 月，苏联的列昂节夫撰文提出，"在深入分析世界局势所发生的变化的基础上，国际共产主义运动一致支持苏共第二十次代表大会提出的方针，摒弃了战争注定不可避免的论点"。

（四）认为任何一个小小的"局部战争"都会成为引起世界大战火灾的星星之火

赫鲁晓夫、铁托、卡德尔、多列士和戈尔巴乔夫等认为，世界大战和局部战争是可以避免的，但他们又指出，"任何一个即使是局部性的冲突都能轻而易举地变为世界大战"。他们认为：小型局部战争会迅速蔓延为世界大战；积存的武器尤其是导弹核武器使得爆发世界大战的可能性越来越大；由于技术差错而偶然爆发战争的危险性是很大的；不发达国家内部的社会革命和内战是可能转变成世界大战的危险萌芽。

（五）认为世界分裂为各种阵营和它们的军备竞赛是最直接的战争的根源

考茨基、赫鲁晓夫、铁托、戈尔巴乔夫等都认为军备竞赛产生着新的战争。1928 年，考茨基提出，"构成我们当代真正的巨大的战争危险——就是军备竞赛"，军备竞赛"制造一种神经过敏，这种神经过敏最终会达到这种地步，即在没有正当理由的情况下由于很小一点原因，'武器就自动开起火来'"。[1]1957 年，赫鲁晓夫提出，"历史已经表明，任何的军备竞赛最后终归要成为战争。"1960 年，铁托认为，"破坏性愈大的武器的积聚本身就导致战争"。1987 年，戈尔巴乔夫说："从安全的角度看，军备竞赛是荒诞的，

---

① 参见《第二国际修正主义者关于战争与和平问题的反动言论》，人民出版社 1964 年版。

因为它的逻辑导致国际关系的不稳定,并最终导致核冲突。"①

阿·贝勃勒认为:"今天两个军事集团的存在和它们的军备竞赛是最直接的战争的根源。"②1958 年,铁托指出,"我们反对把世界分裂成各种阵营","这两个阵营之间将会发生冲突,并且有朝一日可能会因为它们而爆发战争"。1961 年,他又强调:"近年来的历史已经清楚地表明,组成国家集团通常导致以武力解决问题。……甚至不需要两个集团,只要有一个集团就足以使战争爆发了。"

(六) 认为社会主义和资本主义两个体系的冲突将意味着世界性的战争

赫鲁晓夫在 1961 年提出,在社会主义和资本主义"两军对峙的边境"的枪响,谁也不能担保"不会招致全世界核爆炸的回声"。勃列日涅夫认为:"在我们的时代里,两个体系的军事冲突将意味着世界性的火箭和热核战争。冲突将会把人类推向灾难。"

二、社会民主党人在帝国主义战争中的立场

从 1907 年到 1912 年,第二国际召开了 3 次代表大会,把制定反对帝国主义战争的政策作为一项迫切任务来解决。1907 年,斯图加特代表大会通过了指导各国无产阶级进行反对战争活动的统一行动决议(《斯图加特决议》),同时,第二国际中各派关于反对帝国主义斗争问题的争论也到了高潮。1912 年在瑞士巴塞尔举行的国际非常代表大会,一致通过了《国际局势和反对战争的统一行动》的决议(即《巴塞尔宣言》),宣言指出迫在眉睫的战争的本质是帝国主义战争,号召各国人民要用一切手段反对帝国主义战

---

① [苏] 戈尔巴乔夫:《改革与新思维》,苏群译,新华出版社 1987 年版,第 178 页。
② 参考《南斯拉夫铁托集团关于战争与和平问题的反动言论》,人民出版社 1964 年版。

争，如果战争爆发就利用它来加速社会革命。

帝国主义大战爆发后，第二国际各国社会民主党的机会主义领导人都背弃了他们在斯图加特和巴塞尔大会上一致举手通过的决议和宣言，背叛了无产阶级的利益，公开站到沙文主义立场上，支持本国资产阶级政府进行这场帝国主义战争。这些领导人的看法，归纳如下：

（一）帝国主义是为和平而战

第一次世界大战进行 8 个月时，考茨基提出，"没有任何一个交战国的政府哪怕只是透露一点，它是为什么要求而战。它们都是为胜利而战，都是为持久和平而战，但是还没有一个政府是为特定的要求而战"[①]。

（二）由于战争爆发（帝国主义之间），一切国家的社会民主党人都有同等的权利或者同等义务参加保卫国家

伯恩施坦指出，"当德国与其他国家发生冲突而不能直接达成协议的时候"，社会民主党"没有任何必要鼓吹放弃保卫德国的利益"。[②] 考茨基在《战争时期的社会民主党》一文中写道，在战争爆发的时候，"对于保卫祖国免遭掠夺和破坏、保卫国家免遭分裂或外来统治的标准"，比"无产阶级利益的标准多半更为明显"，"每个国家也必须尽可能进行自卫。由此可见，一切国家的社会民主党人都有同等的权利或同等的义务参加这种保卫，任何一国的社会民主党人也不能因此责备别国的社会民主党人"。[③]

法国社会党在党的宣言中称，"现在的问题关系到民族的未来和法国的生存，因而党再没有什么考虑了"，"今天我们满怀信心，不仅要为祖国的生存和法兰西的尊严而战。并且要为共和国的自由和文明而战"，"社会党的部

---

① 参见《第二国际修正主义者关于战争与和平问题的反动言论》，人民出版社 1964 年版。
② 参见《第二国际修正主义者关于战争与和平问题的反动言论》，人民出版社 1964 年版。
③ 参见《第二国际修正主义者关于战争与和平问题的反动言论》，人民出版社 1964 年版。

长们将把这些原则带到政府里"，带给"正在搏战的英雄部队"。①

帝国主义大战爆发不久，第二国际的 27 个政党中有 24 个党的领导集团背叛了国际的革命立场，蜕变为社会沙文主义者，大多数党不仅相互断绝关系，而且站在不同的战壕里彼此为敌。

（三）一切社会党人在帝国主义战争中同本国统治阶级携手，是两害相权取其轻

帝国主义大战爆发后，俄国的普列汉诺夫提出一种观点，即"如果社会主义者保卫自己的国家"就是"和国内的统治阶级携手并进"，"如果社会主义者拒绝保卫自己的国家"，他就是"为进攻国的统治阶级服务"。"无论在哪一种场合下，同样都是罪恶。对社会主义者说来，只有两害相权取其轻"，"同自己本国的统治阶级实行合作"。②

三、认为"战争将被完全排除于社会生活之外"的认识，是完全非马克思主义的和非科学的

1900 年，饶勒斯就说："社会主义的和平也可以在社会主义彻底胜利以前宣告存在。"③冷战时期，赫鲁晓夫、铁托、陶里亚蒂等人以及法共对这类观点又有自己的认识。

（一）已经有现实可能最后地、永远地把战争从社会生活中排除出去

1959 年，赫鲁晓夫称："我们实际上已经接近于人类生活中这样一个阶段，在这个阶段中没有任何东西可以阻挠人们完全献身于和平劳动，战争将

---

① 参见《第二国际修正主义者关于战争与和平问题的反动言论》，人民出版社 1964 年版。
② 参见《第二国际修正主义者关于战争与和平问题的反动言论》，人民出版社 1964 年版。
③ 参见《第二国际修正主义者关于战争与和平问题的反动言论》，人民出版社 1964 年版。

完全排除于社会生活之外。"同年法共在其决议中认为,"在社会主义在全世界取得胜利以前,就出现了能够永远消除世界战争的实际前景"。

（二）认为人类只有在和平环境下才能进步，进步只有在和平条件下才能取得

1957 年，南斯拉夫的波波维奇提出，"在过去几十年里，国际生活中发生了巨大而深刻的变化"，"各国在独立平等的基础上更加相互依赖和合作"，"建立持久和平，这对全人类有效和谐的发展说来不仅是可能的，而且是必要的普遍先决条件"。1959 年，铁托指出："只有在和平中才能够保卫自己的自由，捍卫更美好的生活。只有在和平中才能取得发展，只有在和平中才有可能建设自己更美好的生活。"

（三）争取和平的斗争是达到社会主义革命首要目的的决定性手段

1928 年，考茨基在《国防问题和社会民主党》一书中称："国际无产阶级通过争取和平的斗争比通过所有其他的形式可以更有希望成为面向一种更高的存在的文明世界的领袖。"①1957 年，陶里亚蒂在意共中央全会作报告指出："只有在和平环境中，只有依靠和平，才能够实现人类今天提出的豪迈目标——征服星际空间和在地面上完全实现共产主义。"1960 年，南斯拉夫的米丘诺维奇强调："和平的前景是社会主义的唯一的真正前景。只有和平才是由 10 月开始建立的新制度的种子能够发芽的气氛。所以在今天争取和平的斗争和争取社会主义的斗争是一样的。"南斯拉夫的兰科维奇则说："对我们来说，争取和平的斗争和争取社会主义的斗争是不可分割地相互联系在一起的。所以，真正以维护世界和平为指导的任何人都不能否认：只有在和平中才能更加增强社会主义力量，才能加强科学、技术、社会生产力和整个人类进步的发展。"

---

①　参见《第二国际修正主义者关于战争与和平问题的反动言论》，人民出版社 1964 年版。

（四）和平高于一切，其他的一切都必须从属于它

1932 年，考茨基提出，"所有文明国家的广大人群越来越充满了对永恒的和平的要求。它暂时使我们时代本来的重大问题退居次要地位"，这个问题是消灭"一切的阶级"和消灭"大资本主义私有制"。①1960 年，南斯拉夫《人民军队报》发表题为《和平——唯一的前途》的文章说，争取和平的斗争"是全世界的、任何东西也不能代替的，任何其他抉择也不能代替的头号任务"。苏共中央则提出"和平就是生命"的口号。1962 年，陶里亚蒂说，向社会主义前进是为争取"驾凌一切之上的和平"，"我们把和平放在第一位"。

（五）拥护和平是为了全世界、全人类，全人类的价值高于一切

考茨基认为，"没有比建立在'你活，让别人也活'的原则之上的谅解的和平更使我感到幸运了"②。赫鲁晓夫也认为："不论是我们还是美国人都是活人，我们想活并且也让别人活。"1957 年，他对美国记者说："我们拥护和平不仅仅是为了我们自己，而是为了全世界，为了全人类。"1960 年，南斯拉夫《战斗报》载文说："必须把和平事业提高到一切狭隘的利己主义的利益和动机之上，并使其他一切从属这一目的。因为，不仅人类今后的进步，而且人类的生存，都取决于和平。和平没有抉择。"1987 年，戈尔巴乔夫提出，"新思维的核心是承认全人类的价值高于一切"，"承认人类的生存高于一切"。③

（六）不同社会制度的国家可以并且应当为了和平和解决全人类的全球任务进行合作

戈尔巴乔夫认为，"人类已经进入了大家互相依赖的阶段"，发现"迫切

---

① 参见《第二国际修正主义者关于战争与和平问题的反动言论》，人民出版社 1964 年版。
② 参见《第二国际修正主义者关于战争与和平问题的反动言论》，人民出版社 1964 年版。
③ 参见 [苏] 戈尔巴乔夫：《改革与新思维》，苏群译，新华出版社 1987 年版。

需要把自己的力量联合起来"，"不能把一个国家同另一个国家分开""对立起来"，"属于不同社会制度的国家也可以并且应当为了和平和解决全人类的全球任务进行合作"。如果没有这种合作，就"不能按照人应有的方式生存下去"。①

（七）帝国主义已不同于过去，其统治集团中出现了真诚希望和平的新潮流

1959年，赫鲁晓夫提出："现在在西方对局势的更清醒的估计和对国际舞台上形成的力量对比的更明智的了解，渐渐开始占上风。而这种了解不可避免地会得出一个结论，这就是：必须把用武力来对付社会主义世界的打算送进档案库。"1960年，库西宁认为，帝国主义国家统治集团"出现了头脑清醒的国务活动家"。1963年，赫鲁晓夫又指出："西方国家最冷静的代表人物以现实态度估计力量对比，日益不得不承认，同社会主义国家解决争执问题，需要的不是通过战争途径，而是通过谈判途径。无可争辩，这是新的潮流。"1961年，苏联《消息报》发表社论说："在我们的时代，帝国主义已经不是过去的帝国主义了。"前社会主义国家和法共、意共认为：

1. 帝国主义已不能任意决定战争与和平问题了。一是帝国主义没有改变，但是它活动的条件改变了，这些条件使得它不能任意决定战争与和平的问题。二是帝国主义者明白，如果他们发动世界战争，那么，为人民所痛恨的帝国主义制度必然在这一战争中灭亡。三是社会主义国家体系的存在、巩固和不断加强，造成了一种局势，在这种局势下帝国主义领导集团已不再能为所欲为。

2. 某些垄断资本家丧失了对军备生产的兴趣，将不得不转而进行和平生产。捷克斯洛伐克的凯格尔指出，"军备目前再也不能刺激生产了"，"这种客观的趋势，必然会使大部分资产阶级，甚至某些垄断资本家丧失对军备生

---

① 参见 [苏] 戈尔巴乔夫：《改革与新思维》，苏群译，新华出版社1987年版。

产的兴趣"，"将不得不转而进行和平生产"。①

3. 1959 年，赫鲁晓夫在访问美国时提出，美国总统"也像我们一样在为保障和平而操心"。1963 年，意共《团结报》社论称："美国最高领导人们关于和平与战争问题、因而关于东西方之间的关系问题的谈话中，出现了一种新语调。"同年，南斯拉夫《战斗报》说，美国总统"对增进国际合作和促进世界和平作出重大贡献"；铁托称美国总统肯尼迪"忠于国际谅解和世界和平事业，将给爱好和平的人类带来持久的益处"。②

（八）国际联盟和国际仲裁法庭的建立，能起到排除一切战争的作用

第二国际的饶勒斯、考茨基和伦纳等认为，欧洲各国结成国际联盟和建立国际仲裁法庭，能起到排除一切战争的作用。1902 年，饶勒斯在《欧洲联盟》一文中称，德、奥、意"三国同盟不再是一个巩固闭塞的集团，它可能面向更广的精神，面向真正欧洲的思想"。"由三国同盟和俄法联盟组织起来的欧洲可能逐渐变成一个完整的整体，从而排除了一切战争的机会。"③1908 年他又说："三国协约本身并不意味着对于和平的威胁。它甚至可能有和平的目的和和平的影响。"④1911 年，考茨基认为，"欧洲文明各国联合成一个具有共同的贸易政策、联邦议会、联邦政策、联邦军队的""欧洲联邦"，"它不必发动任何战争就可以迫使其他一切没有自愿地加入联邦的国家解散它们的军队和放弃它们的舰队"，"这样，永久和平的纪元就会得到可靠的基础"。⑤1917 年，伦纳在《马克思主义、战争和国际》一文中提出，"世界经济要求有世界国家"，只要世界组织"这种总力量还不存在，世界秩

---

① ［捷克斯洛伐克］凯格尔：《裁军和经济发展》，《红色权利报》1960 年 3 月 17 日。

② 参见《南斯拉夫铁托集团关于战争与和平问题的反动言论》，人民出版社 1964 年版。

③ 参见《第二国际修正主义者关于战争与和平问题的反动言论》，人民出版社 1964 年版。

④ 参见《第二国际修正主义者关于战争与和平问题的反动言论》，人民出版社 1964 年版。

⑤ 参见《第二国际修正主义者关于战争与和平问题的反动言论》，人民出版社 1964 年版。

序就是不稳的，和平就得不到保障"，"那么战争暂时还是一种必要的不幸"；"持久和平的可能性和保障就只在于建立这种最高权力"。①

1915 年，德国社会民主党"要求成立常设国际仲裁法庭，今后各国人民之间的一切冲突都应该由它来解决"。在这之前，1910 年饶勒斯就说："无产阶级要准备、并通过自己的代表、通过具有无产阶级精神的法律学家制订一个国际法的规约，来防止灾难性的竞争和资本帝国主义的暴力行动"，缔结仲裁的国家之间"永远可以消除战争的念头，战争的可能性"。②

第一次世界大战后，社会党国际认为，战争"这种灾难只有成立国际联盟才能防止"。1928 年，考茨基指出，"仅仅是国际联盟的存在就已经意味着和平事业的伟大成就。它是任何其他机构所不能提供的保卫和平的工具"，"如果 1914 年就已经有国际联盟，那末很可能不至于发生灾难"（指第一次世界大战——摘者注）。1937 年，考茨基又认为，"到今天为止，尽管国际联盟由于资产阶级政府在其中占大多数而有着缺陷和弱点，它毕竟已经能够防止某些战争"。③

（九）苏联和美国基于种种原因对普遍和平命运承担特别的责任

从赫鲁晓夫到戈尔巴乔夫都认为苏美"两国对全世界负有特殊的责任"。④ 他们认为：整个国际局势在很多方面都取决于美国同苏联建立什么样的关系，"苏美两国之间有合作和信任就会有和平"，"决定人类命运的国际问题就会得到解决"；苏美两国"为和平而联合起来，那么就不会有战争。那时，如果有某个疯子挑起战争，我们只要用手指吓唬他一下，就足以使他安静下来"。

---

① 参见《第二国际修正主义者关于战争与和平问题的反动言论》，人民出版社 1964 年版。
② 参见《第二国际修正主义者关于战争与和平问题的反动言论》，人民出版社 1964 年版。
③ 参见《第二国际修正主义者关于战争与和平问题的反动言论》，人民出版社 1964 年版。
④ 参见戈尔巴乔夫：《改革与新思维》，苏群译，新华出版社 1987 年版。

（十）苏联的火箭——核威力是保卫和平的决定性手段

1962 年，赫鲁晓夫在"争取普遍裁军与和平大会"上讲："苏联火箭——核威力是保卫和平的决定性手段，它已不止一次地把人类从西方帝国主义集团妄图发动的世界大战中拯救出来。"苏联《真理报》编辑部文章认为，"如果社会主义阵营没有强大的武器，首先是火箭——核武器，那么它在现代世界中的地位就完全不同了"。[1] 蒙古国的泽登巴尔说："在消除新的世界战争的威胁方面，苏联的火箭——核威力不仅是社会主义阵营的救命盾牌，并且也是全世界的救命盾牌，它约束帝国主义的黩武主义。"

四、新的政治思维要与传统的战争与和平概念彻底决裂

1959 年，赫鲁晓夫首先提出："原子核能用于战争目的，这就根本改变了人们对未来战争的性质和后果的概念。"1960 年，陶里亚蒂提出，"人们在分析战争与和平论点的问题上正在冒落后至少一代的危险"，应当"以一种新的方法去思索和考虑我们关于和平与战争的理论"。1987 年，戈尔巴乔夫认为，"新的政治思维的基本原则很简单……它与传统的关于战争与和平的概念彻底决裂"，并称"这个结论具有真正的革命性质"。[2]

（一）战争是政治以另一种方式的继续这一观点已经过时

铁托最先提出这个观点。1960 年，他在联合国大会上讲："今天把战争的定义还说成是'政治的另一种手段的继续'，是再也不够了"。捷克斯洛伐克《红色权利报》1962 年 12 月 14 日的社论中写道："'战争是政治的另一种手段的继续'的理论已经失效，不存在这样的政治目的：这些目的的实现可

---

① 《为和平和社会主义的胜利加强共产主义运动的团结》，苏联《真理报》1963 年 1 月 7 日。
② ［苏］戈尔巴乔夫：《改革与新思维》，苏群译，新华出版社 1987 年版，第 177 页。

以驾凌于人类在一场热核战争中将遭到的巨大损失之上。"南斯拉夫《人民军报》说，"关于战争是政治的另一种手段的继续的论点，在当代世界的确已不再是站得住脚的了"。1987 年，戈尔巴乔夫责问："难道现在可以抱住战争是政治以另一种方式的继续这一观点不放吗?"作为过去的"一种经典公式"，现在"已经过时了"。① 具体而言，当时认为"战争是政治以另一种方式的继续"这一观点已经过时的具体论点有：

第一，目前大量毁灭性战争工具的使用，改变了战争被利用作为国际政策工具的可能性。塔林斯基在苏联《国际生活》1961 年第 12 期撰文指出，"战争的方法和形式的根本转变也起着重要作用，这种转变大大改变了战争的性质和它被利用作为国际政策工具的可能性"，"因此，它已不可能是政治的简单继续"。② 南斯拉夫的斯莫勒认为，"如果发动战争，就会是政治及其目的的全部破产"。捷克斯洛伐克的艾·伯伦西说，"对帝国主义来说，战争也正在客观上丧失是政治的有效的继续这一能力"，"资本主义国家中广泛的阶层也意识到了这一事实"。

第二，核战争不可能成为达到任何目的的手段。捷克斯洛伐克《红色权利报》在 1962 年 3 月 14 日的社论中称："现在的战争——核战争——却正在成为任何一种政治的终结。"戈尔巴乔夫说："核战争不可能成为达到政治、经济、意识形态及任何目的的手段。"③

第三，要从现代世界战争的技术性质的观点来看待战争的社会性质。1963 年，弗·哈夫利切克说，"当武力达到原子冲突的水平的时候"，"我们不仅从一般地在理论上区别战争的社会性质（正义战争和非正义战争）的观点，而且从现代世界战争的技术性质的观点，尤其是从防止这种战争的观点来看待战争的问题"。

---

① ［苏］戈尔巴乔夫：《改革与新思维》，苏群译，新华出版社 1987 年版，第 5、177 页。
② ［苏］塔林斯基：《裁军及其反对者》，《国际生活》1961 年第 12 期。
③ ［苏］戈尔巴乔夫：《改革与新思维》，苏群译，新华出版社 1987 年版，第 177 页。

（二）期望从现代的战争或内战得到促进巨大社会进步的推动力是最危险的妄想

第二国际的机会主义者和前社会主义国家及意共一些人，反对马克思和恩格斯关于"暴力在历史上还起着革命的作用"的思想。1937 年，考茨基说，战争和内战"会带来空前可怕的破坏性的后果"，"期望从一次现代的战争或内战中得到促进巨大社会进步的推动力，这是最危险的妄想。"①1958 年，铁托说，"人类只有在和平环境下才能进步"，战争"不会解决和平和进步的问题"。他们认为：第一，战争是解决社会内部和各民族之间经济利益对立的一种粗暴的、不适宜的方式。1915 年，德国社会民主党的大卫说，可以用"秩序和法律来克服民族内部和各民族之间的敌对的经济和政治关系"②。第二，没有纯粹属于正义或非正义的战争，甚至十分正义的战争也会具有反动的效果。1960 年，陶里亚蒂说，如果战争使"双方全部毁灭，那么显然对于战争的正义性质的定义还应当给予其他的考虑"。科桑诺维奇说："几乎没有纯粹属正义的或纯粹属非正义的战争，而在任何战争中都或多或少地交织着两种矛盾的倾向"。③ 同年，卡德尔说，根据过去谈到的"马克思主义关于正义战争和非正义战争的理论"，"这个理论绝不意味着，工人阶级必须支持任何可能是正义的战争"，"就革命的无产阶级对待一场战争的态度而言，战争的正义性本身并不够，还要看战争在整个国际事件中的作用，甚至十分正义的战争也会具有反动的效果"。④ 第三，战争不会带来任何东西，同阶级敌人作斗争有其他的工具。伊·科桑诺维奇说："在核武器的时代，认为战争可以成为社会进步运动的手段或维持旧制度的手段，这是完全荒诞无稽

---

① 参见《第二国际修正主义者关于战争与和平问题的反动言论》，人民出版社 1964 年版。
② 参见《第二国际修正主义者关于战争与和平问题的反动言论》，人民出版社 1964 年版。
③ 参见《南斯拉夫铁托集团关于战争与和平问题的反动言论》，人民出版社 1964 年版。
④ 参见《南斯拉夫铁托集团关于战争与和平问题的反动言论》，人民出版社 1964 年版。

的。"①赫鲁晓夫说，战争除了"带来破坏和毁灭人们用劳动创造出来的珍贵财富以外，不会带来任何东西"，"同阶级敌人作斗争有其他的工具"。

（三）战争将毁灭一切

1932 年，考茨基在《战争与民主》一书中写道，战争"是一切毁灭天使中最可怕的一个"（考茨基把《圣经》中所说的战争、饥荒、瘟疫和死亡这四个骑士叫作毁灭天使——引者注），战争"从现代技术吸取愈来愈丰富的养料，因此发展成了巨大的破坏力"，"几乎再没有任何一个稍微有点知识的人会不清楚：下一场战争不仅会带来贫穷和灾难，而且要彻底地摧毁一切文明，而留下来的（至少在欧洲）仅仅是冒烟的废墟和腐烂的尸体。"②1958年，铁托说："人类绝大多数深信，新的战争将会导致全世界的完全毁灭。"1961 年，赫鲁晓夫讲："战争就是死亡，就是破坏。现代战争会使人类从他们经济和文化发展方面所达到的水平倒退许多许多年。"1987 年，戈尔巴乔夫说："军事技术的发展已具有这样的特点：现在即使是非核战争，其毁灭性后果也逐渐与核战争不相上下了，因此我们用对核战争的评价来评价大国的非核武装冲突，也是合适的。"③

赫鲁晓夫、铁托和戈尔巴乔夫等还认为：核战争将使"一切生灵"从地球上消失；在核战争中既不会有胜利者，也不会有失败者，因为不会有谁能保全下来；原子弹不遵循阶级原则，它会消灭所有落进其破坏作用范围的人；在核武器毁灭任何一方后，社会主义问题根本就不存在了，马克思列宁主义者"不能设想在世界文化中心的废墟上、在荒无人迹的和被热核尘埃染污的土地上，建立共产主义的文明"，"反对建立在世界的废墟上"的"那种社会主义"。

---

① 参见《南斯拉夫铁托集团关于战争与和平问题的反动言论》，人民出版社 1964 年版。
② 参见《第二国际修正主义者关于战争与和平问题的反动言论》，人民出版社 1964 年版。
③ ［苏］戈尔巴乔夫：《改革与新思维》，苏群译，新华出版社 1987 年版，第 177 页。

（四）现代战争的结局取决于使用火箭——核武器

1962 年，赫鲁晓夫说，现在战争的"结局将不取决于分布在敌对双方分界线上的军队的行动，而是取决于使用火箭——核武器"。弗·哈夫利切克认为，"要是有人说，战争的结果是由群众而不是由包括核武器在内的武器所决定的"，那么，他们就"是以抽象的、唯心的、形而上学的观点来看待历史和群众的作用"。

五、无产阶级革命要和平地、合法地通过民主和人道来实现

从第二国际起，在社会由资本主义向社会主义转变的道路问题上，一直存在着"和平转变同暴力转变的对立"。1896 年，伯恩施坦最先提出资本主义可以和平"长入社会主义"。1919 年，考茨基认为，"革命不是通过专政的道路，不会依靠大炮和机关枪，不会通过消灭自己的政治的社会的敌人来实现，而是要通过民主和人道来实现的"①。这种"和平转变"主张的内容如下：

（一）无产阶级的党再也不能把武装斗争当作解放的手段来企求

1905 年，伯恩施坦说，"今天在进步的文化国家里，人类已经达到了一个能够不使用暴力革命的发展阶段"。1918 年，他又称，"阶级斗争本身采取愈来愈文明的形式"。1922 年，考茨基说，"武装斗争或内战……对于无产阶级革命来说，内战毋宁是一个变态"，"革命可以和平地，完全合法地，无须暴力行动来进行"。他认为，"在民主国家的内部（当民主得到保证的时候），解决阶级冲突的武装斗争不再有存在的余地"。1935 年，考茨基又说，"战争已成了能把一切都毁掉的手段，以致一个人民的党，不管是无产阶级

---

① 参见《第二国际修正主义者关于战争与和平问题的反动言论》，人民出版社 1964 年版。

的党还是农民的党，再也不能自动地把它当作解放的手段来企求了"①。

冷战时期，赫鲁晓夫、铁托、卡德尔等人对"和平转变"问题发表了新的言论。南斯拉夫的伊·科桑诺维奇认为，"资本主义制度今天已经是如此地因它自己的经济政治的和整个社会的发展而遭到摧毁和破坏。以至它也常常被迫采用不是它所固有的，实质上是社会主义的措施，因此，消灭资本主义本身也就并不需要武装的搏斗"。②1958年，赫鲁晓夫说，"我们不要战争"，打仗就是杀人，"我们要杀人，也会被人杀。同阶级敌人作斗争有其他的工具"。1959年，铁托提出："在某些国家中有可能不经过强大的内部武装冲突和动荡而走向社会主义。"1960年，卡德尔提出，"存在这样的可能性，社会主义力量通过相对和平的途径，以这一种或另一种方式，逐步地或者一下子夺取政治领导权，使建立社会主义关系的过程成为可能；而随着社会主义国家政治力量和经济力量以及在国际上作用的加强，这种和平改造的可能性也增长着"③。

（二）不赞成任何武装起义，任何武装起义都没有成功的希望

第二国际的机会主义者们不赞成任何武装起义。伯恩施坦说："在现代技术条件下，任何武装起义都没有成功的希望。在我看来，在今天的技术条件下，甚至所谓'普遍武装'也只是对付有组织的武装力量的一种虚幻的防御力量而已。"④考茨基也说："未来革命斗争之所以显然将更少取决于武力，其原因之一……是现代政府军的装备较之'普通老百姓'所拥有的武器具有巨大的优势，这种优势通常使普通公民的任何反抗一上来就没有成功的希望。"⑤

---

① 参见《第二国际修正主义者关于战争与和平问题的反动言论》，人民出版社1964年版。
② 参见《南斯拉夫铁托集团关于战争与和平问题的反动言论》，人民出版社1964年版。
③ 参见《南斯拉夫铁托集团关于战争与和平问题的反动言论》，人民出版社1964年版。
④ 参见《第二国际修正主义者关于战争与和平问题的反动言论》，人民出版社1964年版。
⑤ 参见《第二国际修正主义者关于战争与和平问题的反动言论》，人民出版社1964年版。

考茨基在谈到殖民地人民的解放时说，殖民地的暴动"没有产生巨大影响的希望，充其量也不过是一些很快就被打垮的瞬息间的局部起义罢了"，"殖民地居民的解放将通过和平的方式来实现，不管这一过程在每一个别场合采取什么形式"。①

(三) 现代社会的发展造成已经变形的阶级社会日益采用和平的手段来解决国家、民族之间的矛盾

南斯拉夫的伊·科桑诺维奇提出，"现代社会就其整体来说已经进入由资本主义过渡到社会主义的时期"，这为"社会运动开辟了崭新的前途"，"今天或多或少地已经不存在作为唯一的一种制度的'典型的'资本主义阶段社会了。这个社会在许多方面都进一步发展了"，"并且和社会主义因素交织在一起"，"这种已经变形的阶级社会日益采用和平的手段来解决国家与国家之间和民族与民族之间的矛盾，从而也就缩小了发生战争的可能性，并使之陷于瘫痪状态"。②

(四) 民主是一条最短、最可靠、最少牺牲的通向社会主义之路

1902 年，饶勒斯说，民主"就是内部的和平"，"通过民主，通过普选，各民族中的政治冲突和社会冲突可以逐渐避免用暴力解决，因为在民主中，阶级战争必然采取多数者法律的和平形式"，"战争的粗暴的和原始的形式已经逐渐从每个民族的内部生活中消除"。③ 考茨基则认为，"武力的道路比民主的道路需要更大的牺牲。说服一个人投社会主义者的票"，比去鼓动他放弃他的生命"要容易得多"。"民主是一条最短、最可靠、最少牺牲的通向社会主义之路，正如它是发展社会主义的政治前提和社会前提的

---

① 参见《第二国际修正主义者关于战争与和平问题的反动言论》，人民出版社 1964 年版。
② 参见《南斯拉夫铁托集团关于战争与和平问题的反动言论》，人民出版社 1964 年版。
③ 参见《第二国际修正主义者关于战争与和平问题的反动言论》，人民出版社 1964 年版。

最好的工具一样"。①1961 年，匈牙利的布罗第·费伦茨说："和平的道路不仅是'比较安全''代价比较小''牺牲比较小'，而同时也是最有成绩、最快的道路。"

（五）争取和平的斗争已经成为争取社会主义的极其重要的条件

1959 年，意共的斯巴诺说，"我们愿意为一切人建成社会主义，但不是依靠牺牲人类的共同幸福"，"如果争取社会主义的斗争脱离了争取和平的斗争，就不仅会加剧各个国家内部的社会矛盾，而且也会加剧国际舞台上各种不同制度国家之间的矛盾"。1961 年，铁托说："任何一次新战争，不仅会阻止尚未解放的非洲和亚洲国家迅速解放的进程，而且同时还会威胁那些已经摆脱殖民主义的国家的独立。"法共的洛朗认为："在我们的时代，离开争取维护和平的斗争问题，任何革命运动的问题都是谈不上的。"

（六）工人阶级只有在和平中才能顺利地进行阶级斗争，消灭剥削和建立起更公正的社会关系

1928 年，考茨基提出，民主和和平是无产阶级"获得解放的必要前提"，"是社会主义的先声"。②1962 年，苏联的乌里扬诺夫斯基说："只有在和平的情况下，年轻国家的工人阶级才有可能顺利地进行争取把反帝革命进行到底和争取社会进步的斗争。"1963 年，苏联的布尔拉茨基说，"唯有世界和平才是世界革命过程的火车头"。同年，铁托在前南共联盟五中全会报告中讲："和平的利益并不违背工人阶级和社会主义的利益。相反，工人阶级只有在和平中才能顺利地发展，才能顺利地进行阶级斗争、建立起更为公正的社会关系，消灭人剥削人的现象，并把命运掌握在自己手里。"

---

① 参见《第二国际修正主义者关于战争与和平问题的反动言论》，人民出版社 1964 年版。
② 参见《第二国际修正主义者关于战争与和平问题的反动言论》，人民出版社 1964 年版。

（七）并不是一切民族解放战争都是正义和进步的

南斯拉夫的科桑诺维奇称，"从马克思主义的观点来看，并不是一切民族解放战争都是正义的和进步的"，"民族解放的运动和战争不是绝对的东西，而是整个人类进步事业的一小部分。如果在某些场合下，部分和整体发生矛盾，那么它就是反动的和不能接受的了。"①

（八）在条件已发生根本变化的情况下，战争与革命之间不再存在因果关系

1987 年，戈尔巴乔夫提出，"按新方式考察了战争与革命的相互联系"，"在条件已发生根本变化的情况下，在核战争结局只能是全部毁灭的情况下，我们已经作出了战争与革命之间不再存在因果关系的结论。社会进步的前景已同防止核战争的前景'结合起来'"，"我们已明确地把革命题目和战争题目'分开'了"，"它不符合核时代的现实"。②

六、和平共处是时代刻不容缓的任务，是社会进步最强大的政治手段

1919 年，列宁提出俄国"同各国人民和平相处"的和平政策，阐明了和平相处的原则。1952 年 4 月，斯大林在《答美国一些地方报纸编辑提出的问题》中，又阐述了社会主义国家与资本主义国家和平共处的可能性与原则。但一些前社会主义国家领导人讲的"和平共处"，与列宁和斯大林提出的和平共处是有原则区别的。

1960 年，南斯拉夫领导人卡德尔提出，"从列宁的时代到今天，世界上

---

① 参见《南斯拉夫铁托集团关于战争与和平问题的反动言论》，人民出版社 1964 年版。
② ［苏］戈尔巴乔夫：《改革与新思维》，苏群译，新华出版社 1987 年版，第 186—187 页。

社会力量的量的对比已发生了如此深刻的变化，我们可以毫不夸大地说，今天对战争和共处问题的提法同列宁的时代已经完全不同了"①。1960 年，赫鲁晓夫指出，如果在这个地球上"开始用战争来解决国家之间的争端：社会主义和资本主义你不喜欢我，我不喜欢你，那么我们将会毁灭自己的方舟——地球"。1963 年，铁托强调，和平共处政策"是我们时代刻不容缓的任务，是社会进步最强大的政治手段"。

（一）维护和平的唯一道路就是和平共处的道路

1959 年，铁托讲："我们正处于这样的时代，在日程上提出许多新的问题，但不是战争或和平的问题，而是合作的问题，经济的和其他的问题。"1962 年，赫鲁晓夫提出："在我们时代，人类面前只有一个选择：是和平共处，还是毁灭性战争。"南斯拉夫的德斯里奇说，和平共处的道路"是唯一实际的和平的政策。也是导向社会主义的唯一政策，无论在国内还是在国际范围内"。1963 年 1 月 7 日，苏联《真理报》编辑部文章称："在生活中问题是这样摆着的：要么是不同社会制度国家和平共处，要么是毁灭性的战争。别的出路是没有的。"铁托说，我们要避免战争，和平共处"是唯一的替代办法。在生者中间共处要比在死者中间共处来得好"。

1.和平共处是进一步发展和加强社会主义的捷径

卡德尔在《关于南共纲领的报告》中说，人们拥护和平共处，"是因为我们认为它不仅是和平的手段，而且是在现代条件下进一步发展和加强社会主义的捷径"②。南斯拉夫的兰科维奇说，和平共处是"使全世界朝着社会主义方向的最迅速的社会发展有了可能"。③1958 年，铁托认为，要通过国际合作来克服"资本主义和社会主义之间、殖民国家和殖民地人民之间、发达

---

① 参见《南斯拉夫铁托集团关于战争与和平问题的反动言论》，人民出版社 1964 年版。

② 参见《南斯拉夫铁托集团关于战争与和平问题的反动言论》，人民出版社 1964 年版。

③ 参见《南斯拉夫铁托集团关于战争与和平问题的反动言论》，人民出版社 1964 年版。

国家和不发达国家之间的矛盾","对于这个问题的回答不仅必须要包括上述的矛盾，而且还要包括以目前整个世界在经济、技术、科学和文化方面越来越大的互相依赖为特点的其他一切因素","从相反的观点出发就等于是事先接受会导致具有各种可怕后果的战争的另一条道路"。

2.社会主义在同资本主义和平共处的条件下有可能取得胜利

1962 年，赫鲁晓夫指责说，"那些自命为马克思列宁主义者，而实际上却是不相信社会主义和共产主义在同资本主义和平共处的条件下有可能取得胜利的教条主义者","企图通过战争的道路……解决关于共产主义或资本主义胜利的问题。"

（二）和平共处是从资本主义向社会主义过渡时最人道、牺牲最小的道路

1962 年，匈牙利的塞雷尼·山道尔认为："和平共处是国际阶级斗争为人类最可能接受的形式，因为这意味着从资本主义向社会主义过渡时最人道的，要求牺牲最小的道路。"弗·哈夫利切克说，"不同社会制度国家和平共处是在国际方面新与旧的斗争中痛苦最少的形式"。陶里亚蒂在意共第十次代表大会上的报告中讲，"和平共处不仅对社会主义国家来说，而且对资本主义国家和全人类来说，都是一种不可少的必要"。

一些前社会主义国家领导人认为，社会主义国家同资本主义国家和平共处应该：必须努力使两种社会制度之间的斗争变成和平竞赛；在和平共处的情况下，各国应该为了和平的利益相互让步、相互迎合；不能继续把不同社会制度国家和平共处视为"阶级斗争的特殊形式"了。

七、在军备竞赛中取胜就像在核战争中取胜一样，是不可能的

戈尔巴乔夫说，"军备竞赛在地球上继续着，而且还扩展到了宇宙，从

而加速了本来就已相当疯狂的积蓄和完善核武器的速度","在军备竞赛中取胜，就象在核战争中取胜一样是不可能的"①。

考茨基认为，军备竞赛是从不信任中产生的，并且会制造新的不信任，必须禁止军备竞赛，防止引起战争。赫鲁晓夫、铁托、戈尔巴乔夫等主张，建立没有战争，没有军备竞赛，没有核武器和没有暴力的世界，并认为这已成为可能。

（一）全面彻底的裁军，是当时时代高于一切的迫切任务

1960 年，赫鲁晓夫认为，裁军问题"是目前摆在全人类面前的首要问题中的首要问题。发生不发生战争首先取决于这个问题能否解决"。铁托也说："我们首先考虑的是裁军问题，世界的命运取决于这个问题的顺利而有效的解决。"1962 年 2 月 21 日，赫鲁晓夫就裁军会议给美国总统肯尼迪的信中提出："全面彻底裁军，即完全销毁一切武器，特别是核武器，成了我们时代高于一切的、迫切必要的任务。"

考茨基、伯恩施坦、饶勒斯、赫鲁晓夫和戈尔巴乔夫等认为：裁减军备是建立在资产阶级世界利益和无产阶级的利益在这个问题的共性之上；全面彻底裁军，这是从人类社会中永远排除战争的最可靠、最正确的手段和最根本的办法；全面彻底裁军将为人类开辟一个世界持久和平的时代；裁军不是空想和反动的，缔结和力争实现裁军的国际协定是完全实际的、可以实现的任务；裁军得到的资金可以使无产阶级获得比较人道的生活条件，可以帮助落后国家。

（二）不扩散核武器符合和平的利益

苏联政府于 1963 年 9 月 21 日发表声明说："不扩散核武器符合和平的利益，符合所有社会主义国家，其中也包括中华人民共和国的利益。"第一，

---

① ［苏］戈尔巴乔夫：《改革与新思维》，苏群译，新华出版社 1987 年版，第 173 页。

在核武器时代，哪个社会主义国家企图仅仅靠自己的力量来保证国防，就可能成为严重的错误，何况，不可能所有国家自己的力量都是足够的；第二，掌握核武器的社会主义国家增加，会把更多的新的国家拖入核军备竞赛，增加核战争的威胁。

在战争与和平问题上需要澄清、破除的错误认识和需要结合新的实际丰富与发展的理论判断

第一节　必须澄清的附加在马克思主义经典作家名下
关于战争与和平问题的错误观点

在战争与和平问题上，附加在马克思主义经典作家名下的错误观点有一个共同特点，就是把马克思主义经典作家没有讲过或违背他们一贯主张的东西说成是他们的观点。下面剖析四个较为流行的观点。

一、必须澄清在向社会主义过渡问题上，马克思主义经典作家"并没有把和平过渡视为'例外'"的错误观点

有观点提出，"马克思、恩格斯和列宁在关于向社会主义过渡问题上，都肯定了暴力革命和和平过渡两种可能性"，"并没有把和平过渡视为'例外'，而是认为在一定的历史条件下，像荷、英、美、法、德等资本主义先进国家都有和平过渡的可能性"。

1872 年 9 月，马克思在阿姆斯特丹群众大会的演说中讲道，"工人总有一天必须夺取政权"，"但是我们从来没有断言，为了达到这一目的，到处都应该采取同样的手段"，"我们知道，必须考虑到各国的制度、风俗和传统；我们也不否认，有些国家，像美国、英国，——如果我对你们的制度有更好的了解，也许还可以加上荷兰，——工人可能用和平手段达到自己的目的。但是，即使如此，我们也必须承认，在大陆上的大多数国家中，暴力应当是我们革命的杠杆；为了最终地建立劳动的统治，总有一天正是必须采取暴

力。"①1886 年，恩格斯在《〈资本论〉英文版序言》中写道："应当倾听这样一个人的声音，这个人的全部理论是他毕生研究英国的经济史和经济状况的结果，他从这种研究中得出这样的结论：至少在欧洲，英国是唯一可以完全通过和平的和合法的手段来实现不可避免的社会革命的国家。当然，他从来没有忘记附上一句话：他并不指望英国的统治阶级会不经过'维护奴隶制的叛乱'而屈服在这种和平的和合法的革命面前。"② 列宁也说过："不能否认，在某些情况下，作为例外，例如，在某一个小国家里，在它的大邻国已经完成社会革命之后，资产阶级和平地让出政权是可能的，如果它深信反抗已毫无希望，不如保住自己的脑袋，当然，更大的可能是，即使在各小国家里，不进行国内战争，社会主义也不会实现，因此，承认这种战争应当是国际社会民主党的唯一纲领，虽然对人使用暴力并不是我们的理想。这个道理只要作相应的改变（mutatis mutandis），同样可以适用于各个民族。"③ 他认为，革命和平发展的"这种可能性在历史上是非常罕见，非常可贵的，是极其罕见的"④，"迄今为止一切革命、一切最伟大的革命的成败都是由一系列的战争来决定的"⑤，"历史上还没有一次不经过内战的大革命，也没有一个严肃的马克思主义者会认为从资本主义向社会主义的过渡可以不经过内战。"⑥

　　马克思、恩格斯和列宁对由资本主义向社会主义过渡问题都曾提出过暴力的和和平的两种可能性，但他们一贯认为革命和平发展仅是一种例外，并没有把"和平革命"作为一种普遍的道路。认为马克思主义经典作家"并没有把和平过渡视为'例外'"，是不符合他们的原意和一贯主张的。

---

① 《马克思恩格斯全集》第 18 卷，人民出版社 1964 年版，第 179 页。

② 《马克思恩格斯全集》第 23 卷，人民出版社 1972 年版，第 37 页。

③ 《列宁全集》第 28 卷，人民出版社 1990 年版，第 162—163 页。

④ 《列宁全集》第 32 卷，人民出版社 1985 年版，第 132 页。

⑤ 《列宁全集》第 40 卷，人民出版社 1986 年版，第 142 页。

⑥ 《列宁全集》第 34 卷，人民出版社 1985 年版，第 443 页。

二、必须澄清"只有消灭资本主义和平才有可能，完全是非马克思主义的和非科学的"错误观点

有观点认为："只有资本主义被彻底消灭，和平才有可能。这完全是非马克思主义的和非科学的。"

和平总是同一定的条件联系的。列宁说，"所谓在资产阶级保持着统治阶级权力的条件下现今各国政府间似乎可能实现和平云云，所有这些出自善良愿望的空话都是在欺骗群众，不让群众看到帝国主义政策的真正起作用的基础，而使他们错误地信任资产阶级"，"是愚弄工人阶级的形式之一。"[①]"宣传和平而不同时号召群众采取革命行动，那只能是散布幻想，腐蚀无产阶级，使他们相信资产阶级的仁爱，使他们充当交战国秘密外交的玩物。认为不经过一系列革命就能实现所谓民主的和平的想法，是极其错误的。"[②] 无产阶级争取的是消灭剥削、摆脱战争的人类持久和平，并不是资产阶级统治下的和平。因为，"在'和平的'资产阶级剥削时期，人民的灾难也是无穷的"[③]。马克思主义经典作家一贯认为只有建立社会主义制度，消灭私有制和阶级，才能使人类摆脱战争，实现持久和平。认为在保持资产阶级统治权力的条件下可以实现的和平，并不是无产阶级所要争取的和平。

三、必须澄清"要不惜一切代价争取和平"的错误观点

有观点认为，"恩格斯为维护国际工人运动的根本利益"，"在 19 世纪 80 年代中期就提出了要'不惜一切代价争取和平'的重要策略思想"。

"不惜一切代价争取和平"，是恩格斯 1886 年 10 月 25 日在写给法国工

---

① 《列宁全集》第 27 卷，人民出版社 1990 年版，第 314 页；《列宁全集》第 26 卷，人民出版社 1988 年版，第 167 页。

② 《列宁全集》第 26 卷，人民出版社 1988 年版，第 167—168 页。

③ 《列宁全集》第 9 卷，人民出版社 1987 年版，第 140 页。

人党活动家保尔·拉法格的信中引用别人的一句话，不是他本人的话。当时，从 1885 年 9 月开始的"保加利亚危机"激化了欧洲各大国之间的矛盾，使"爆发战争的可能性超过了保持和平的可能性。而战争一旦爆发，那就不可能是局部战争"，而是"世界大战"。① 这时，国际工人运动正在欧洲各国蓬勃发展，恩格斯认为，"我们现在到处都在顺利前进，世界大战现在对我们来说是不合时宜的——太晚或太早"，"我并不希望发生世界大战"，"全面战争则会把我们抛进一个无法预料、无法估计的事件的领域。革命在俄国和法国都会推迟；我们德国党的蓬勃发展会被迫停止，在法国，君主制可能会复辟。毫无疑问，这一切归根结蒂是会有利于我们的，但是这要失去多少时间，遭到多少牺牲，克服多少新的障碍啊！"他"希望不幸的巴尔干事件能和平结束"，"仅仅维持现状"。② 因此，他在信中告诉拉法格："如果您想知道我的看法，那末，对我们来说肯定无疑的是，这场战争如果开始，其目的只能是阻碍革命：在俄国，是要预防斯拉夫主义者、立宪派、虚无主义者、农民这些不满分子的总发动；在德国，是要支持俾斯麦；在法国，是要压制社会主义者的胜利的运动和（象整个大资产阶级所打算的那样）恢复君主制。因此，我主张'不惜一切代价争取和平'，因为付出这种代价的将不是我们。"③ 恩格斯引用"不惜一切代价争取和平"这句话，是因为他看到在当时条件下为这种和平付出"不惜一切代价"的不是国际工人运动，只能是各国的统治阶级。这是当时恩格斯对巴尔干事件的具体判断，并不是他的"重要策略思想"。1886 年 11 月，恩格斯将这封信以《欧洲政局》为题发表时，删去了引用的那句话。

　　如果"不惜一切代价争取和平"确是恩格斯的真实思想，那么恩格斯为什么要在发表时删去这个"重要策略思想"呢？马克思主义经典作家一贯认为，实现和维护无产阶级利益，是无产阶级政党对待战争与和平问题的唯一

---

① 《马克思恩格斯全集》第 36 卷，人民出版社 1974 年版，第 513 页。
② 《马克思恩格斯全集》第 36 卷，人民出版社 1974 年版，第 392、517、553 页。
③ 《马克思恩格斯全集》第 36 卷，人民出版社 1974 年版，第 553 页。

出发点，他们从来没有提出过"不惜一切代价争取和平"的这种"策略思想"。把"不惜一切代价争取和平"说成是恩格斯的重要策略思想，是附加在他名下的错误。列宁在 1914 年提出："打倒'不惜任何代价的和平'这种牧师式的感伤主义的和愚蠢的呼吁！"① 尼克松说："假如和平真的是我们的唯一目标，我们毕竟能够在我们希望的任何时候得到它——投降就是了。"②

四、必须澄清"当今世界是和平与发展的时代"的错误观点

有观点认为"当今世界是和平与发展的时代"。

资本主义的发展经历了两个阶段，即自由竞争资本主义阶段和垄断资本主义即帝国主义阶段。在第一次世界大战前，资本主义已经进入帝国主义阶段，与此同时，人类社会也由此进入帝国主义时代。1914 年，列宁曾指出，帝国主义作为"资本主义完成了它所能完成的一切而转向衰落的这样一种状态……是存在于实际关系之中的特殊的时代"，"暴力将必然伴随着整个资本主义的彻底崩溃和社会主义社会的诞生。"③ 从历史发展看，列宁所说的帝国主义和无产阶级革命时代，是社会发展由资产阶级主导向无产阶级主导过渡的时期，这种过渡要经过多少阶段是不可能事先知道的。20 世纪初，马克思主义经典作家指出世界存在着三个基本矛盾：无产阶级与资产阶级之间的矛盾（包括各国内部和国际间的矛盾）；各帝国主义国家和集团之间的矛盾；帝国主义国家与殖民地国家之间的矛盾。这些基本矛盾是资本主义生产方式占统治地位社会的必然产物。第二次世界大战后，这些基本矛盾发生了很大变化，帝国主义国家之间的矛盾缓和了，但没有消失。帝国主义国家与殖民地国家之间的矛盾，被西方发达国家与发展中国家之间的矛盾替代，无产阶

---

① 《列宁全集》第 26 卷，人民出版社 1988 年版，第 45 页。

② ［美］尼克松：《真正的和平》，钟伟云译，新华出版社 1985 年版，第 105—106 页。

③ 《列宁全集》第 26 卷，人民出版社 1988 年版，第 36 页；《列宁全集》第 34 卷，人民出版社 1985 年版，第 44 页。

级与资产阶级之间的矛盾，在国际上集中表现为社会主义国家与资本主义国家之间的矛盾，又主要是与以美国为首的西方发达国家的矛盾。列宁所说的这个时代现在是否已经转变为"和平与发展的时代"，是由决定时代性质的基本矛盾是否解决或消失来决定的。

时代作为人类社会发展过程的一个较长时期不是固定不变的，而是一个不断发展变化的复杂过程。贯穿其整个发展过程并起主导作用的基本矛盾，决定着时代的性质和基本特征。在这个矛盾没有得到解决或消失前，时代的性质是不会变的。20 世纪初马克思主义经典作家指出的世界三个基本矛盾虽然有了很大变化，但都没有解决，特别是无产阶级与资产阶级这个决定时代性质的根本矛盾并没有消失，仍在起主导作用。由这些基本矛盾发展变化引起的经济、政治和军事等时代一般发展条件的变化，虽然改变了国际力量的对比，但并没有消除产生战争的根源。生产资料私有制和阶级存在这个战争根源不消灭，战争不会自行消失，和平也不会覆盖全球和持久。在这个基础上产生的不同阶级、民族和国家经济利益的矛盾冲突，仍在不断滋生新的战争条件，引发新的不同性质和规模的战争，怎么能说现在已经转变为"和平与发展的时代"？

在时代的历史发展过程中，可能出现若干不同的发展阶段，在每个阶段，决定时代性质及其基本特征的那些基本矛盾依然存在，但这些基本矛盾的表现形式、相互之间关系、起主导作用的主要矛盾会发生变化，因而时代的内涵会发展，时代的主题会改变。列宁有段著名的论述："这里谈的是大的历史时代。……我们能够知道，而且确实知道，哪一个阶级是这个或那个时代的中心，决定着时代的主要内容、时代发展的主要方向、时代的历史背景的主要特点等等。"① 这就是说，时代是世界范围内按一定标准划分的社会发展的一定历史阶段，是处在时代中心的一定阶级决定着时代的主要内容、时代发展的主要方向，亦即时代的性质。时代主题或时代特征，是一定"时

---

① 《列宁全集》第 26 卷，人民出版社 1988 年版，第 143 页。

代的历史背景的主要特点",也是一定时代的不同时期所需要解决的主要矛盾,是世界社会力量斗争的焦点。从时间上看,时代是比较漫长的历史阶段,常以数百年时间为单位。而时代主题,则可能因世界格局的重大变化而进行转换,常以数十年、几十年时间为单位。处在时代中心的一定阶级,决定着时代的性质,进而决定着时代的主题或时代的特征。经济全球化的深入发展和高新技术革命的加速推进,使得时代主题或时代特征发生了新的重大变化,邓小平同志和我们党及时提出了当今时代的主题是"和平与发展",这就从对国际环境的认识角度为把我国工作重心转移到经济建设上来提供了坚实的理论支撑。党的十七大报告明确指出:"当今世界正处在大变革大调整之中。和平与发展仍然是时代主题。"应该说,2008 年美国爆发的金融危机是世界各国人民反对霸权主义和强权政治、进一步推进世界多极化与国际关系民主化的大好时机,是进一步昂扬和平与发展时代主题的大好时机。弘扬和平与发展的时代主题又增添了诸多有利的条件。对和平与发展仍然是当今时代的主题,我们一定要清醒认识、坚定不移,绝不能轻易发生动摇。早在 1960 年 6 月 30 日,邓小平同志在会见拉丁美洲 12 国兄弟党代表团的讲话中就指出:"一切问题的关键在对时代的分析,这个问题在国际共产主义运动中有不同的解释,发生了列宁关于帝国主义是资本主义最高阶段这个论断合不合用的问题。我们的观点概括说,列宁的论断并没有过时,帝国主义特征没有改变"。[1]20 世纪 90 年代初,邓小平同志在一次谈话中又明确指出,列宁所讲的大时代,不要去动它。陈云同志也早在 1989 年就明确指出:"列宁论帝国主义的五大特征和侵略别国、互相争霸的本质,是不是过时了?我看,没有过时。""那种认为列宁的帝国主义论已经过时的观点是完全错误的,非常有害的。这个问题到了大呼特呼的时候了。"[2]"帝国主义时代"这个本质并没有改变,如果轻易认为时代性质发生了根本性

---

① 《邓小平年谱(1904—1974)》(下),中央文献出版社 2009 年版,第 1562 页。
② 《陈云文选》第 3 卷,第 2 版,第 370 页。

变化，把"和平与发展为主题"误认为已经进入"和平与发展的时代"，就是不顾客观事实，犯了急于跨越社会大的发展阶段即资本主义最高阶段的错误。如果认为我们现在不是处于资本主义的最高阶段，我们就不可能认清导致当前全球性经济危机的根源，也就无法找到应对全球性经济危机的正确措施。

第二节　必须破除的对马克思主义经典作家战争与 和平问题理论的错误理解

马克思主义经典作家反复告诫我们，他们的理论提供的不是"唯一能救世的教条"，"一劳永逸的现成方案"，"而是进一步研究的出发点和供这种研究使用的方法"，"是行动的指南"。[①] 如果"把它当作现成的公式，按照它来剪裁各种历史事实，那它就会转变为自己的对立物"[②]。这里简要分析三种对马克思主义经典作家战争与和平理论错误理解的代表性观点。

一、把暴力行为视同为战争行为，混淆马克思主义经典作家对这两个概念的区别

有观点提出："马克思主义认为，战争是政治的特殊手段（即暴力）的继续。自有战争以来，战争同暴力就是同义词。"

马克思主义经典作家著作中的暴力并不仅指战争，也包括战争以外的各种暴力行为。暴力不都是战争，但战争一定是暴力，和平中也有暴力。暴力与战争这两个概念既有联系又有区别。暴力的外延宽泛，不仅仅与阶级社会相联系，无阶级社会也有暴力。它既适用于个人，也适用于阶级、集团和国

---

① 《马克思恩格斯选集》第 4 卷，人民出版社 1995 年版，第 676、677、679、742—743 页。

② 《马克思恩格斯选集》第 4 卷，人民出版社 1995 年版，第 688 页。

家；既可以是有组织的，也可以是自发的。而战争却只是有组织并达到一定规模程度的武装暴力行为，是政治借助军事行动的继续。在生产资料私有制和阶级社会中，战争是阶级、集团和国家之间矛盾不可调和的产物，解决冲突的暴烈手段。教条式的理解，只看马克思主义经典作家著作中的字面含义，不能从他们对暴力和战争问题的论述中完整、准确地把握其全部含义。这就混淆了暴力和战争两个概念的界限，把暴力包含着战争变成了暴力等同于战争。

破除把暴力等同于战争的教条式理解的意义，首先在于正确认识它们在历史发展中的不同地位、作用与相互间的关系。比如，不能把一些暴力行为与战争等同看待，人类理想的共产主义社会因消灭了阶级也就消灭了战争，但依然可能存在某种形式的暴力。其次，正确认识暴力与和平的关系，和平中也会有某些形式的暴力。在阶级社会，"和平"的统治是依靠暴力手段实现的，就是无产阶级的国家及其军队、警察等"强力机关"，即使在和平条件下仍然是"实行镇压的特殊暴力"组织。[1] 最后，防止出现忽视甚至放弃用专政手段来巩固社会主义制度的错误倾向。1992 年，邓小平同志讲道，"依靠无产阶级专政保卫社会主义制度，这是马克思主义的一个基本观点"，"对人民实行民主，对敌人实行专政，这就是人民民主专政。运用人民民主专政的力量，巩固人民的政权，是正义的事情，没有什么输理的地方。"[2] 我们党必须牢牢地把握住这个基本原则。

二、将决定战争胜负的因素简单化、绝对化，不能理解马克思主义经典作家在这个问题上的辩证思想

有观点认为，"战争制胜问题是马克思主义军事理论的重要问题。马克

---

① 参见《列宁选集》第 3 卷，人民出版社 1984 年版，第 116、124、132 页。

② 《邓小平文选》第三卷，人民出版社 1993 年版，第 379 页。

思主义认为，'赢得战斗胜利的是人而不是枪'"。

　　"赢得战斗胜利的是人而不是枪"这句话引自恩格斯的《步枪史—六》①，是恩格斯为"美国新百科全书"所写文章的重要补充。恩格斯在文章论述了4个问题：步枪的发展；武器发展与战术变化的关系；武器在战斗中的重要作用；战斗中人与武器的关系。撇开文章表达的完整思想，孤立地这样引用这句话，容易使人误认为"赢得战斗胜利的人"就是决定战争胜负的唯一因素，造成错误的理解。

　　马克思主义经典作家在论述决定战争胜负的因素时，把暴力本身看作是一种经济力而不是单纯的意志行为，认为人和武器都是物质的即经济的条件，战争的胜负取决于人的质与量和取决于武器这两种材料。他们是在这个"非常现实的前提"下，论述战争中人的因素，即人的质与量以及其精神因素。人是战斗力的第一要素，武器技术装备等客观物质条件是第二位的，两方面的有机结合才能形成整体战斗力。

　　在战争制胜问题上，错误的理解把这两方面因素的有机结合割裂开，不能从其内在的联系和辩证关系上阐明问题，简单地、绝对地强调其中某一因素制胜。有的人只强调人是决定性因素，认为只要抓好军队干部战士的思想觉悟教育，就一定能战胜各种敌人，忽视物质条件的建设，从而不自觉陷入唯意志论，这就影响了军队武器技术装备的发展，使军队战斗力受到削弱和伤害。有的人单一强调武器技术装备的作用，特别是突出某种新技术装备的作用，认为先进的武器技术装备决定战争的胜负，忽视人的质与量建设，特别是轻视在军队中起着灵魂作用的人的正确的政治观点、思想道德等精神因素的培养，陷入唯武器论，这样的军队也不会有顽强的战斗力。

---

　　① 《马克思恩格斯全集》第 15 卷，人民出版社 1963 年版，第 231—232 页。

三、混淆对抗性与非对抗性两种生产关系的性质，使人误以为非对抗性生产关系同样是战争根源

有观点提出，"在马克思主义看来，一切战争根源于生产力与生产关系之间的矛盾"。

这种观点误解了马克思、恩格斯的"一切历史冲突都根源于生产力和交往关系之间的矛盾"①的论断，把他们所说的"一切历史冲突"直接等同于"一切战争"，成为一种错误理解。恩格斯曾对"一切历史冲突"作过解释，他说："一切历史上的斗争，无论是在政治、宗教、哲学的领域中进行的，还是在其他意识形态领域中进行的，实际上只是或多或少明显地表现了各社会阶级的斗争，而这些阶级的存在以及它们之间的冲突，又为它们的经济状况的发展程度，它们的生产的性质和方式以及由生产所决定的交换的性质和方式所制约。"②一切阶级斗争都必然会成为政治斗争，而战争只不过是"一切历史冲突"中政治斗争的继续和最尖锐的斗争形式。阶级斗争以及由此引发的战争，是生产关系处于对抗形式时代的产物。

生产力和生产关系是贯穿于人类各种不同社会形态的基本矛盾，它与人类社会同生共存。只要有社会生产，就会有这个根本矛盾。但是，战争并不是这样，它同阶级一样仅仅同生产发展的一定历史阶段相联系，是生产力和生产关系发展到一定时代的经济关系的产物。生产关系有对抗性与非对抗性之分。在阶级社会，生产关系具有对抗性，不同阶级经济利益的对立及由此引起的冲突，是该社会战争产生的根源。社会生产发展到一定阶段，阶级不可避免地要消灭，随着阶级的消灭，将根绝一切战争。而阶级消灭的条件是生产关系由对抗性转变为非对抗性，即消灭

---

① 《马克思恩格斯选集》第 1 卷，人民出版社 1995 年版，第 115 页。
② 《马克思恩格斯选集》第 1 卷，人民出版社 1995 年版，第 583 页。

私有制和剥削，但生产力与生产关系之间的矛盾依然存在，只不过由其引起的社会矛盾不再具有阶级的性质。如果说"一切战争根源于生产力和生产关系之间的矛盾"，就可能使人误以为，战争像生产力和生产关系之间的矛盾运动一样，始终存在于人类社会发展的各个时代，不可能被消灭。

生产力和生产关系之间的矛盾，是通过一定的中间环节和条件才能决定和影响战争的。恩格斯指出："经济状况是基础，但是对历史斗争的进程发生影响并且在许多情况下主要是决定着这一斗争的形式的，还有上层建筑的各种因素：阶级斗争的政治形式及其成果……这里表现出这一切因素间的相互作用，而在这种相互作用中归根到底是经济运动作为必然的东西通过无穷无尽的偶然事件……向前发展。"① 一切社会变迁和政治变革的终极原因，应到生产方式和生产关系的变更中去寻找，这并不是说这种矛盾直接产生了战争。从这个终极原因到战争，要经过由其在一定发展阶段上产生的阶级、阶级斗争以及这种斗争的政治形式等中间环节。

第三节　需要结合新的实际丰富与发展马克思主义经典作家关于战争与和平问题的理论判断

人类社会进入帝国主义时代已经一百多年，在经历了两次世界大战和第二次世界大战后近 40 年的冷战，无论资本主义还是社会主义或其他社会形态都发生了很大变化，出现了一些新现象。马克思主义关于战争与和平问题的理论需要根据历史发展和新的现象提出新的理论判断。对于社会主义国家来说，最重要的是要在两个问题上丰富与发展马克思主义经典作家的理论判断。

---

① 《马克思恩格斯选集》第 4 卷，人民出版社 1995 年版，第 696 页。

一、列宁关于社会主义国家"还要在不流血的战线上获得胜利"的理论判断需要丰富发展

20 世纪 20 年代初，列宁在苏维埃俄国刚刚粉碎帝国主义列强的联合武装干涉与国内反革命叛乱后，敏锐地看到，社会主义国家在"打赢了火线上的那场战争之后，还要打一场不流血的战争"，"在流血的战线上获胜之后，还要在不流血的战线上获得胜利。这场战争更加困难。"① 因为，国际垄断资本无法用武力消灭社会主义国家后，把与社会主义国家的较量转入一个新的领域，"转向经济战争"，它们现在是用贸易等来进行战争，使战争改变了战线和形式，"想把和平的经济建设变成对苏维埃政权的和平瓦解"。这也"是一场不能作丝毫让步的战争"，"是共产主义和资本主义这两种方式、两种形态、两种经济的军事较量。"② 由于社会主义革命不是一次行动，不是一条战线上的一次会战，而是在充满着激烈的阶级冲突的整整一个时代中，在一切战线上即在经济和政治的一切问题上进行的一系列的会战，因此这场斗争"将比在军事战线上更加困难"，要求无产阶级必须全力以赴。③ 为打赢经济战线上的战争，列宁提出当社会主义国家的经济还极其薄弱时，要加速经济发展就要利用资产阶级的资本，实现租让政策。④ 这"并不是和平，它也是战争，不过是用另外一种、对我们比较有利的形式进行的战争"，"在这场战争中我们已经不是在破坏而是在发展我们的生产力"。但是"这么干是冒风险的，这里仍然是战争关系，仍然是斗争"，"包含着新的困难和新的危险"。社会主义国家"应当采取一切办法，以经济上的让步为代价来发展自己的经济力量"，使社会主义制度牢牢地站起来，但"决不让资本家政权复辟"，要

---

① 《列宁全集》第 38 卷，人民出版社 1986 年版，第 285 页。

② 《列宁全集》第 40 卷，人民出版社 1986 年版，第 76、77 页；《列宁全集》第 38 卷，人民出版社 1986 年版，第 285、286 页。

③ 《列宁全集》第 27 卷，人民出版社 1990 年版，第 255 页；《列宁全集》第 38 卷，人民出版社 1986 年版，第 286 页。

④ 《列宁全集》第 40 卷，人民出版社 1986 年版，第 42 页。

"把这种危险减少到最低限度，使它小于战争的危险"。① 列宁做出这些理论判断后仅三年就去世了，没有来得及解决这些问题和进一步发展这些理论判断。后来，一些社会主义国家发展的历史和苏东剧变证明了列宁这些论断是完全正确的，从中我们也应得出新的理论认识。

我们认为，帝国主义总是企图用战争手段消灭社会主义国家。马克思指出，一个国家的资产阶级各个成员之间虽然存在着竞争和冲突，但资产阶级却总是联合起来反对本国无产阶级；同样，各国的资产阶级虽然在世界市场上互相冲突和竞争，但总是联合起来反对各国无产阶级。② 历史上，帝国主义国家之间虽然厮杀争斗，但在反对社会主义国家问题上却是统一的、联合的。国际垄断资本不能容忍社会主义国家的出现并长期存在，它们清楚与社会主义国家的斗争最终将决定资本主义制度的生死和人类社会的走向，感到资本主义"历史上代价最大的失败是未能阻止列宁一九一七年在俄国夺取政权。这种失败……是全世界的悲剧"③。社会主义国家与资本主义之间的矛盾是当今时代的一个基本矛盾，必然要经过一系列的冲突解决谁战胜谁的问题。从 1919 年协约国军队对新生的苏维埃政权进行武装干涉、第二次世界大战中法西斯轴心国进攻苏联，到"联合国军"侵略朝鲜、美国侵略越南，20 世纪帝国主义国家纠集其仆从与反动势力，向社会主义国家发动过 4 次全面侵略战争和 3 次不同规模的武装入侵，全都遭到惨重失败。在这些军事较量中，法西斯国家遭到覆灭；美国付出高昂代价，越战成为其"历史上的一个黑洞"④，经济、军事实力遭到严重削弱，资本主义世界霸主地位开始动摇。相反，社会主义国家却越战越强，苏联成为第二次世界大战后唯一一个可与美国相抗衡的国家；社会主义越出一国范围，欧亚和拉美一系列社会主义国家相继诞生，形成了社会主义阵营。1949 年苏联打破美国核垄断后，

---

① 《列宁全集》第 40 卷，人民出版社 1986 年版，第 43、70、77、80、116、118、136—137 页。

② 《马克思恩格斯选集》第 1 卷，人民出版社 1995 年版，第 308 页。

③ ［美］尼克松：《真正的战争》，常铮译，新华出版社 1980 年版，第 73 页。

④ ［美］亨利·基辛格：《基辛格越战回忆录》，慕羽译，海南出版社 2009 年版，第 15 页。

美国官方认为，一个超级大国再也不能用战争作为对付另一个超级大国的政策工具。帝国主义感到对社会主义阵营国家实行"军事演变太危险"①，不再敢轻易对社会主义国家发动战争。越战后，美国只对一些非社会主义的弱小国家进行战争或武装干涉，并与其西方盟国开始寻找用战争以外的手段来瓦解社会主义国家政权，但并没有放弃战争手段。

我们认为，帝国主义在用武力消灭社会主义国家失败后，改变了方式，开始用"和平"手段来瓦解社会主义国家政权。1946 年 3 月，美国的杜鲁门总统和英国的丘吉尔拉开了西方阵营反对社会主义国家的冷战大幕，"在全世界展开了反对共产主义的冷战"②。他们认为，冷战不是"那种常规意义上的战争"③，而是"政治观念和经济制度激烈斗争"的"一场被称为和平的战争"④。这场战争"是在生活和社会的每一个方面"，利用"军事力量、经济力量、意志力量、一国的激励性思想的力量"等⑤"在非军事方面有效地进行"的⑥。"如果要这场战争不升级到实际武装冲突的水平"，必须使用"宣传、外交、谈判、外援、政治手腕、破坏、秘密行动和代理人战争"等"主要武器"⑦。"这场冲突的成败"是"决定各国命运的大搏斗"⑧，"自由的存亡取决于美国的行动"⑨。美国官方认为，冷战只是美苏两大国之间热战、特别是核战争的替代物，并不意味着地区和小国之间冲突的结束。冷战除没有把美苏两大国带入直接军事冲突外，"引发了朝鲜和越南的热战以及从猪湾到阿富汗

---

① ［美］尼克松：《1999：不战而胜》，杨鲁军等译，世界知识出版社 1989 年版，第 146 页。

② ［美］理查德·M. 尼克松：《超越和平》，范建民等译，世界知识出版社 1996 年版，第 4 页。

③ ［美］尼克松：《真正的战争》，常铮译，新华出版社 1980 年版，第 300 页。

④ ［美］理查德·M. 尼克松：《超越和平》，范建民等译，世界知识出版社 1996 年版，第 5 页；［美］尼克松：《1999：不战而胜》，杨鲁军等译，世界知识出版社 1989 年版，第 15 页。

⑤ ［美］尼克松：《真正的战争》，常铮译，新华出版社 1980 年版，第 24 页。

⑥ ［美］尼克松：《真正的战争》，常铮译，新华出版社 1980 年版，第 300 页。

⑦ ［美］尼克松：《1999：不战而胜》，杨鲁军等译，世界知识出版社 1989 年版，第 15 页。

⑧ ［美］尼克松：《真正的战争》，常铮译，新华出版社 1980 年版，第 5 页。

⑨ ［美］尼克松：《1999：不战而胜》，杨鲁军等译，世界知识出版社 1989 年版，第 15 页。

等几十起较小规模的军事冲突"①，"对美国而言，朝鲜和越南都是这场战争中的战役"。②

从 20 世纪 50 年代开始，帝国主义把"和平演变"作为转变社会主义国家的一项长期不变战略。美国与其盟国发动冷战，目的是要通过"和平演变"实现资本主义对社会主义的"不战而胜"。美国官方认为，在"和平演变""这种情况下放弃使用武力并不意味着维持现状，而是意味着和平的转变"③，"在自由国家面前摆着用和平手段取得胜利的明显可能性"。艾森豪威尔提出，"我们必须利用一切和平手段来诱导苏联集团，使它纠正现存的一些不合乎正义的事情"，这"要许多代才能完成"。④ 为此，美国政府调整了它的"全套工具——军事的，经济的和政治的"，把民主、人权、宗教、金融、贸易、媒体、接触等等一切能利用的东西都"武器化"，作为在意识形态、外交、经济和秘密行动等方面对社会主义国家施加影响的工具，并不再让"任何一件武器闲置不用了"⑤，而是"根据形势的需要，军事、政治、经济和心理手段或者是交替采用，或者是兼施并用"。西方势力通过 30 多年的"和平演变"，终于在 20 世纪 80 年代末 90 年代初，使一些社会主义国家"不战而败"，苏东 9 国和蒙古一批原社会主义国家政权被"和平瓦解"。这个剧变削弱了社会主义的实力，改变了世界各种力量之间的对比，是人类发展历史上的一次大倒退。

针对西方的战略演变，中国共产党及时提出了防止"和平演变"的战略方针。20 世纪 50 年代，美国的杜勒斯一提出"和平演变"战略，毛泽东同志就敏锐地抓住这一变化，提出防止"和平演变"问题。1959 年 11 月，他

---

　　①　［美］理查德 · M. 尼克松：《超越和平》，范建民等译，世界知识出版社 1996 年版，第 15 页。

　　②　［美］理查德 · M. 尼克松：《超越和平》，范建民等译，世界知识出版社 1996 年版，第 5 页。

　　③　《毛泽东传（1949—1976）》，中央文献出版社 2003 年版，第 1027 页。

　　④　［美］尼克松：《真正的战争》，常铮译，新华出版社 1980 年版，第 375 页。

　　⑤　［美］尼克松：《真正的和平》，钟伟云译，新华出版社 1985 年版，第 72 页。

指出：美国的"和平演变"并不是只指"苏联一个国家，是社会主义阵营，是我们内部起变化"，"就是转变我们这些国家，搞颠覆活动"，使社会主义国家转到合乎美国的思想、美国的秩序上去。"他那个秩序要维持，不要动，要动我们，用和平转变，腐蚀我们"。① 此后，防止"和平演变"成为中国共产党的一个战略方针。20 世纪 80 年代末，邓小平同志指出，"可能是一个冷战结束了，另外两个冷战又已经开始"，其中"一个是针对社会主义的"，"美国，还有西方其他一些国家""正在打一场没有硝烟的第三次世界大战。所谓没有硝烟，就是要社会主义国家和平演变"。"资本主义是想最终战胜社会主义，过去拿武器，用原子弹、氢弹，遭到世界人民的反对，现在搞和平演变"，"我们要警惕"。②20 世纪 90 年代，江泽民同志也多次提醒全党对"和平演变""切不可丧失警惕"，他说："美国对华政策历来具有两面性。对我国进行和平演变是美国一些人长期的战略目标"，"他们不会放弃对我国进行西化、分化的政治图谋。不管是采取'遏制政策'还是所谓'接触政策'，万变不离其宗，目的都是企图改变我国的社会主义制度，最终将我国纳入西方资本主义体系。这种斗争是长期的、复杂的。"③ 历史证明，我们党提出的防止"和平演变"问题，是决定社会主义与资本主义谁战胜谁的重大问题，是关系到社会主义国家生死存亡的一个根本问题。社会主义与资本主义两种制度和基本利益的根本对立，使相互间的冲突不可避免。社会主义国家由于"国内外各种敌对势力在渗透和反渗透、颠覆和反颠覆上的斗争将是长期的、复杂的"④，因此必须长期坚持防止"和平演变"的战略方针。

我们认为，和平同战争一样，具有社会状态与斗争手段多种属性。一方面它们是两种不同的、对立的、相互转化的社会状态；另一方面又是阶级、

① 《毛泽东传（1949—1976）》，中央文献出版社 2003 年版，第 1027—1028 页。
② 《邓小平文选》第三卷，人民出版社 1993 年版，第 344、325—326 页。
③ 《江泽民文选》第一卷，人民出版社 2006 年版，第 312 页；《江泽民文选》第二卷，人民出版社 2006 年版，第 197 页。
④ 《江泽民文选》第三卷，人民出版社 2006 年版，第 83 页。

政治集团和国家为维护本身利益进行斗争的两种不同方式与手段。战争与和平的社会状态属性与斗争手段属性是同一的，手段属性通过社会状态属性发生作用。对于战争的手段属性，人们看得比较清楚。对于和平，人们往往只看到它的社会状态属性，忽略了它作为斗争手段的属性，许多人把它作为社会发展追求的唯一目标。但垄断资产阶级的代表人物却对和平的手段属性有一定认识，尼克松说，"和平不是最后的目的"，"是实现一个更高目的的手段"，"真正的和平要求我们有决心以除战争以外的各种方式来使用我们的力量。"①20世纪一些社会主义国家被"和平瓦解"，一个重要原因是在和平问题上出现了错误。看不到和平的手段性，不能把争取和平的斗争同无产阶级的革命阶级斗争联系起来，没有应对"和平演变"的措施。这种对和平问题的片面、错误认识，成为一些社会主义国家打赢战争、输掉和平的一个重要原因。

我们认为，"和平"已成为当今国际垄断资本与社会主义国家较量的主要方式，社会主义国家必须打赢与资本主义在不流血战线上的较量。20世纪社会主义国家与帝国主义的军事较量，决定着新生的社会主义国家能否生存下去。反复较量的结果，出现了两种社会制度国家"和平相处"的局面，甚至在某些方面还有了一定的共同利益。这种"和平相处"是实力对比所形成的一种均势的体现，是暂时的、有条件的和必然要被打破的。这不是两种社会制度的相互认同，也不是建立在什么共同的"和平愿望"上，更不是相互较量的终结。在社会主义国家与资本主义国家同时并存的历史时期，两种社会制度的斗争将持续到最终解决谁战胜谁的问题上。随着社会主义国家实力的增强，和平斗争将成为国际垄断资本与社会主义国家较量的主要方式，并决定两种社会制度谁能最终胜利。法国《快报》周刊2009年12月一期刊登的一篇文章说，"两个世界一流大国正在进行一场'和平的战争'"，"实际

---

① ［美］理查德·尼克松：《抓住时机》，刘炳章、卢佩文、张今译，新华出版社1992年版，第86页；［美］尼克松：《真正的和平》，钟伟云译，新华出版社1985年版，第115页。

上，世界历史的这一新阶段应该定义为'和平的战争'"。和平斗争成为主要方式并不意味着资本主义国家与社会主义国家之间就不再可能发生战争，社会主义国家在采取和平步骤的同时，仍然需要不断增强自卫战争能力。如果社会主义国家的实力被国际垄断资本的"和平手段"削弱，各种敌对势力就会重新运用暴力甚至战争手段来分裂和推翻社会主义政权，南斯拉夫的解体就是一个例证。

我们认为，同武装斗争不能赤手空拳一样，社会主义国家要打赢与资本主义在不流血战线上的较量，也必须掌握与其进行和平斗争的一切武器。列宁曾说："不准备掌握敌人已经拥有或可能拥有的一切斗争武器、一切斗争手段和方法，谁都会认为这是愚蠢的甚至是犯罪的"，"这一点对于政治比对于军事更为重要。在政治上更难预先知道，将来在这种或那种条件下，究竟哪一种斗争手段对于我们是适用的和有利的。倘若我们不掌握一切斗争手段，当其他阶级的状况发生了不以我们的意志为转移的变化，从而把我们特别没有把握的一种活动形式提到日程上来的时候，我们就会遭到巨大的有时甚至是决定性的失败。"① 帝国主义在军事较量中的失败，使以美国为首的西方势力逐渐把经济、金融、贸易、思想、宗教、民族、文化等领域国家间的一些交往活动，作为转变、瓦解社会主义国家政权的武器与手段。尼克松就说，历史上美国政府一直把"贸易当作一种武器，而不能当作一种礼物"，"扩大贸易，只能采取符合我们的利益的方式"② ，"在市场体系所到之处，也播撒了政治和经济改革的种子"③ 。当今世界的金融、贸易和产业及其生产的"垂直分工"等，已成为国际垄断资本引导和塑造一系列有利于其领导和支配全球的制度安排工具，不只是单纯的经济或产业分工问题。如果社会主义国家对这些已经成为控制、剥削和攫取全球的工具没有清醒的认识，仍把在

---

① 《列宁全集》第 39 卷，人民出版社 1986 年版，第 75 页。

② ［美］尼克松：《真正的和平》，钟伟云译，新华出版社 1985 年版，第 48、249 页。

③ ［美］理查德·M.尼克松：《超越和平》，范建民等译，世界知识出版社 1996 年版，第 155 页。

这些领域与西方资本主义国家发生的一些矛盾、冲突，看成是纯粹的金融、经济或学术等问题，不能相应地拿出正确的对策发展壮大自己，甚至还服用美国精英开出的或以美国某种制度为蓝本仿制的发展"药方"，就会越来越受制于西方资本主义国家，本国的社会矛盾也会越积越多、越来越尖锐，最终积重难返。面对这种局面，社会主义国家必须学会并掌握在这些领域同国际垄断资本进行斗争的一切形式与手段，在交往中打赢"在经济和政治的一切问题上进行的一系列的会战"①，这才能战胜帝国主义的"和平演变"。我们党历史上对待战争与和平问题曾有一条重要经验，那就是按照对方的办法办事，针锋相对地斗争。这需要调查一下，看看对手手里拿的是什么武器，有什么用处，然后再看看自己手里有什么武器，没有的就要打一把，这是一个真理。② 在某种意义上，社会主义国家能否掌握并熟练运用和平斗争的一切武器，已成为决定这场"和平战争"胜负的重要因素。

二、马克思主义经典作家关于世界战争的理论判断需要丰富发展

　　20 世纪的两次世界大战是资本主义发展到帝国主义阶段的产物，马克思主义经典作家对大战有过准确的预见。19 世纪末，欧美资本主义强国和日本开始向帝国主义过渡，是同瓜分世界的斗争尖锐化联系着的。由于新老资本主义强国在争夺殖民地、世界市场和霸主地位等方面矛盾冲突的激化，1887 年，恩格斯说："国王和国家要人老爷们……再也没有别的办法，只能开始跳一场最后的大战舞"，"除了世界战争以外已经不可能有任何别的战争"，"这会是一场具有空前规模和空前剧烈的世界战争。"③ 恩格斯逝世前，多次指出"欧洲正好像沿着斜坡一样越来越快地滚向规模空前和力量空前的

---

① 《列宁全集》第 27 卷，人民出版社 1990 年版，第 255 页。

② 参见《毛泽东选集》第四卷，人民出版社 1995 年版，第 1126 页。

③ 《马克思恩格斯全集》第 21 卷，人民出版社 1965 年版，第 401—402 页。

世界战争的深渊"①。列宁说："疯狂的扩充军备和帝国主义政策，使得目前欧洲的'社会和平'活象一桶火药。"② 1914 年帝国主义大战爆发后，列宁指出"这样的战争可能会爆发若干次"。③ 第一次世界大战结束后 4 年，列宁就看到当时资本主义强国之间又在酝酿战争，"军国主义得到强化，新的帝国主义战争（从经济上看是不可避免的）在加紧和加速准备"，"不久的将来必然还会爆发反动的帝国主义大厮杀"。④1927 年，斯大林针对当时的国际形势指出，帝国主义正在"准备重新分割世界的新战争"。⑤1934 年，斯大林又说，"持久的经济危机的结果是资本主义国家内部和它们彼此之间的政治状况的空前尖锐化"，"战争这个利于更强的国家重分世界和势力范围的手段提到日程上来了"，"现在又像一九一四年那样""新的帝国主义战争日益逼近"，资产阶级想借别人的手来作战，反苏战争是"真正的实在的威胁"。⑥ 第一次"帝国主义世界战争……使资本主义付出的代价是俄国革命的胜利与帝国主义在殖民地和附属国内的基础的破坏"，"无庸怀疑，重新瓜分世界的第二次尝试将使世界资本主义付出的代价比第一次大得多"。⑦ 历史发展的进程，证明了马克思主义经典作家这些预见的科学性。

第二次世界大战后，斯大林对资本主义国家之间战争问题作出过新的理论判断。1952 年，他在《苏联社会主义经济问题》一书中，批驳了一些人断定的"由于第二次世界大战后新的国际条件的发展，资本主义国家之

① 《马克思恩格斯全集》第 22 卷，人民出版社 1965 年版，第 53、57 页。
② 《列宁全集》第 23 卷，人民出版社 1990 年版，第 4 页。
③ 《列宁全集》第 30 卷，人民出版社 1985 年版，第 87 页；《列宁全集》第 26 卷，人民出版社 1988 年版，第 36 页。
④ 《列宁全集》第 39 卷，人民出版社 1986 年版，第 197 页；《列宁全集》第 42 卷，人民出版社 1987 年版，第 449 页。
⑤ 《斯大林全集》第 9 卷，人民出版社 1954 年版，第 291、292 页。
⑥ 《斯大林全集》第 13 卷，人民出版社 1956 年版，第 258、259、261 页；《斯大林全集》第 9 卷，人民出版社 1954 年版，第 293、291 页。
⑦ 《斯大林选集》（上卷），人民出版社 1979 年版，第 577 页。

间的战争已经不再是不可避免的了"。① 斯大林认为，"对于资本主义说来，对苏联作战，即对社会主义国家作战，是比资本主义国家之间的战争更加危险，因为资本主义国家之间的战争所提出的问题，只是某些资本主义国家对其他资本主义国家取得优势的问题，而对苏联作战所一定要提出的问题，却是资本主义本身存亡的问题"，因此"资本主义国家之间战争的不可避免性是仍然存在的"。② 斯大林这里所指的战争，包括了帝国主义世界大战和规模不等的局部战争。

这两类战争是否都是不可避免的？我们党对此作出了新的世界战争有可能防止的理论判断。抗日战争胜利后毛泽东认为，"第二次世界大战后和第一次大战后不同"，制止世界战争的可能性更大③，只要对世界反动力量进行坚决的有效的斗争，新的世界大战就可以避免。④1950 年 6 月，毛泽东指出："帝国主义阵营的战争威胁依然存在，第三次世界大战的可能性依然存在。但是，制止战争危险，使第三次世界大战避免爆发的斗争力量发展得很快，全世界大多数人民的觉悟程度正在提高。只要全世界共产党能够继续团结一切可能的和平民主力量，并使之获得更大的发展，新的世界战争是能够制止的。"⑤

世界各种力量对比的变化使新的世界战争可能避免。20 世纪是人类历史上最血腥的一个世纪，战争的数量、规模、种类和破坏程度都大大超过了以往任何时代，也使世界各种力量的对比发生了剧烈地变化。这些变化主要发生在四个方面，并决定了新的世界战争可能避免。

第一，世界战争使"称霸世界的强国减少"⑥，美国成为当今唯一的霸权国家。人类迄今的两次世界大战，都是帝国主义列强争霸引发的。大战削弱

① 《斯大林选集》（下卷），人民出版社 1979 年版，第 563 页。
② 《斯大林选集》（下卷），人民出版社 1979 年版，第 564、565 页。
③ 《毛泽东外交文选》，中央文献出版社、世界知识出版社 1994 年版，第 68 页。
④ 参见《毛泽东选集》第四卷，人民出版社 1995 年版，第 1191—1196、1258—1260 页。
⑤ 《人民日报》1950 年 6 月 13 日。
⑥ 《列宁全集》第 39 卷，人民出版社 1986 年版，第 196 页。

了除美国以外各帝国主义国家的实力，使美国成为资本主义国家体系的霸主、世界唯一的霸权国家，而其他帝国主义国家丧失了争霸的实力。第二次世界大战后，美国凭借着经济、政治、金融、科技和军事等等实力，利用它控制下的各种国际组织机构，又进一步使这些国家不得不在各方面依赖和受制于美国。尽管美国的实力从 20 世纪 50 年代开始衰落，其他资本主义发达国家与美国的发展水平在不断缩小，甚至在一些方面赶上或超过美国，但因综合实力与美国仍有巨大差距，特别是军事实力差距甚至在扩大，没有哪个西方发达国家现在有实力挑战美国的霸权。美国也通过北约等组织，协调西方发达国家之间的矛盾，把它们集中起来共同反对社会主义国家。加上欧洲共同市场、欧盟的建立与一体化发展，成为欧洲资本主义国家协调相互之间利益关系的有效机制。这些因素的共同作用，使第二次世界大战后西方资本主义发达国家之间没有发生战争。

第二，社会主义国家成为制止新的世界战争的决定性力量。第一次世界大战中诞生的苏联，使世界无产阶级与资产阶级之间的矛盾有了新的形态，即社会主义国家与资本主义国家之间的矛盾。由于当时苏联的力量还很薄弱，不仅不能制止世界战争，还成为法西斯国家进攻的主要目标。第二次世界大战后，社会主义由一国胜利发展成多国胜利，两种社会制度国家力量对比处于一种均势，社会主义与资本主义之间的矛盾也成为决定世界上战争与和平格局的主要矛盾。特别是社会主义国家手中的核武器，迫使帝国主义不敢发动核战争，新的世界战争对它们来讲"绝对没有可能预料胜负，完全不知道究竟谁将在这场大战中获得最后胜利"[1]，社会主义国家成为防止新的世界战争的决定性力量，同时也是抑制西方资本主义发达国家之间矛盾冲突的一个重要因素。但是，苏东等社会主义国家的蜕变，使国际资本与国际无产阶级的力量对比发生了有利于国际资本的变化。今后在一定的历史条件下，如果社会主义的力量不能巩固与发展，甚至可能遭到进一步削弱，那么其制

---

[1] 《马克思恩格斯全集》第 22 卷，人民出版社 1965 年版，第 53 页。

止新的世界战争的作用也会随之减弱，滋生新的世界战争的因素有可能再次出现。只要世界上社会主义还没有对国际垄断资本取得压倒性优势，就不能完全排除新的世界战争的可能性。

第三，独立的原殖民地国家成为防止新的世界战争的重要因素。殖民地一向是帝国主义实力的一个重要支柱和力量源泉，世界殖民体系的瓦解使帝国主义失去了这个支柱和力量源泉，实力被进一步削弱。帝国主义国家再不能利用殖民地军队来进行战争，也不能再把军费负担转嫁到殖民地人民的肩上。许多独立国家成为维护世界和平和反对帝国主义大军中的新成员。殖民体系的瓦解，改变了世界政治、经济、军事力量的对比，成为削弱帝国主义国家战争实力的重要因素。

第四，维护世界和平的力量不断增长。战争的规模越大、越持久，被卷入的人民群众就越多，人民群众对战争的影响就越大。帝国主义对外战争的非正义性和由此对本国人民利益的损害，随着战争拖长和伤亡消耗的增加特别是军事上的失利而不断增大，造成其国内政治、经济、阶级等矛盾激化，引发人民的反战运动甚至革命。这从帝国主义内部削弱了其战争力量，成为其失败的重要原因。越南战争后，世界人民维护和平的力量不断增长，西方强国发动的对外战争无不受到包括本国在内的世界各国人民的共同反对。这种反战力量虽不能消除战争的根源，却是抑制这些国家任意发动战争的重要因素，社会主义国家必须充分重视这种力量。

不能把新的世界战争可能防止，说成是资本主义国家之间和一些国家内部的战争都可以防止。第二次世界大战后至今虽然没有发生新的世界性战争，但世界上各种各样的局部战争和武装冲突却从来没有间断过。资本主义发达国家之间没有发生战争，但美、英、法等国对其他国家的战争或武装干涉也没有停止过，美国成了世界最大的战争祸源，第二次世界大战后已经打了大大小小近 30 场战争（包括军事行动），平均两年多就一次，世界上的战争和军事冲突无不与它有直接或间接的关系。近些年来，恐怖主义、宗教极端势力等在一些国家引发的内战和武装冲突，给这些国家带来极大的破坏，其背后无不有西方发达国家或一些国家势力的影子。这再次证实，只要私有制和人剥削人的制度存在，只要资本主义存在，就会有产生战争的土壤，就会有新的战争和武装冲突。

总 策 划：辛广伟
项目统筹：崔继新
责任编辑：曹 歌 刘江波
封面设计：肖 辉 王欢欢
版式设计：安宏川

图书在版编目（CIP）数据

马克思主义经典作家关于战争与和平问题的基本观点研究 / 李慎明 主编 .
— 北京：人民出版社，2017.12
（马克思主义经典著作基本观点研究丛书 / 俞可平等 主编）
ISBN 978 - 7 - 01 - 017215 - 6

I. ①马… II. ①李… III. ①马克思主义 - 战争理论 - 理论研究②马克思主义 -
和平学 - 理论研究 IV. ① A811.6

中国版本图书馆 CIP 数据核字（2016）第 319691 号

马克思主义经典作家关于战争与和平问题的基本观点研究
MAKESI ZHUYI JINGDIAN ZUOJIA GUANYU ZHANZHENG YU HEPING WENTI DE
JIBEN GUANDIAN YANJIU

李慎明 主编

人民出版社 出版发行
（100706 北京市东城区隆福寺街 99 号）

北京汇林印务有限公司印刷 新华书店经销

2017 年 12 月第 1 版 2017 年 12 月北京第 1 次印刷
开本：710 毫米 ×1000 毫米 1/16 印张：13
字数：185 千字

ISBN 978 - 7 - 01 - 017215 - 6 定价：31.00 元

邮购地址 100706 北京市东城区隆福寺街 99 号
人民东方图书销售中心 电话：(010) 65250042 65289539